図書館・文書館における環境管理

稲葉　政満　著

日本図書館協会

2001

The Library and Archive Environment

by Inaba, Masamitsu

(JLA Preservation Series, No.8)

図書館・文書館における環境管理 ／ 稲葉政満著. － 東京 ： 日本図書館協会, 2001. － 71 p ; 21 cm. － (シリーズ・本を残す ; 8). － ISBN4-8204-0102-5

t1. トショカン　モンジョカン　ニ　オケル　カンキョウ　カンリ
a1. イナバ, マサミツ　s1. 資料保存　① 014.6

本書の概要

1．図書館・文書館の環境管理

　図書館・文書館では各館の目標とするサービスに対応して資料の保存目標値を立案し，資料を健全な状態で利用に供する義務がある。そのためには「保存環境整備」，「災害対策」，「代替化による原資料の利用制限」などを，適切な館内組織のもとで実行に移さねばならない。本書では，このうち環境因子について考える。

2．温度

　劣化速度の考え方に従えば温度は低いほどよい。紙の劣化速度の推定例を用いて，実際の保存温度環境での温度の寄与の程度を示す。夏季の冷房はモノの保存によいが，冬季の暖房は劣化速度を増加させる。閲覧環境とのバランス，次章で述べる結露の問題などを考慮するならば，収蔵庫の温度は低ければよいことにはならないが，冬季の暖房はしない，あるいは低めに抑えるのが望ましい。温度を低く保てば虫害の抑制にもつながる。温度の設定値は年間一定条件にこだわる必要はない。年間一定条件にこだわり高めの値を設定する方が問題である。

3．湿度

　湿り空気線図を用いて空気中の水分量と温度，相対湿度（RH）との関係を理解する。この図は結露の発生の予測などに大変有用である。湿度が高いとカビを呼び，紙資料の場合，低すぎると紙がこわくなり，取り扱い時など力が加わった際に損傷を受けやすくなる。また，過乾燥と湿潤状態を繰り返すと紙の角質化（再結晶化）が起こり，紙が柔軟性を失う。よって40〜60％RHの中湿度

環境がよい。ただし，素材によってはもっと乾燥した状態を好むものもある(例えばマイクロフィルム)。急激な湿度変化は避ける。これには箱や調湿紙の利用が推奨される。

4．光

光はモノを損傷させるので，できるだけ当てない。特に直射日光は光量が多く，遮光すべきである。モノを見るのに必要な光（可視光線）以外の紫外線，赤外線がモノにできるだけ当たらないようにする。特に紫外線はモノを劣化させる力が大きいので，窓には紫外線吸収フィルムをはり，蛍光灯は無紫外線タイプを用いる。

博物館での照度基準，積算照度により照度調節についても紹介する。

5．他の物質からの影響

塵，木材からの抽出成分（ヒノキの樹脂など），高分子化合物からの可塑剤，ホルマリン，塩化水素，汚染ガスであるオゾン，二酸化硫黄，窒素酸化物などが問題を引き起こす。屋外からこれらの物質が屋内に入らないように努力する。また，屋内あるいはケースに問題を起こす可能性のある材料を用いないように注意する。

燻蒸剤としてよく用いられている臭化メチルはジアゾコピー（青焼き）と反応して悪臭を発生させる。

より長期の保存には脱酸素環境における保存も考慮する。よい脱酸素剤と密封性のよいフィルムが手軽に脱酸素環境を実現できるようにしている。

6．生物被害

燻蒸剤は悪臭の発生，残留ガスが徐々に室内に放出されることによる健康被害などがあり，その使用は限定的なものに限る必要がある。館全体の生物被害抑制には，薬品にできるだけ頼らない方法を確立する必要がある。ここでは，温湿度管理の果たす役割が大きい。このような予防保存システムとしての「総

合的生物防除管理」(IPM) の考え方が導入されつつある。

7. 保存システムとしての材料の寿命
　材料の寿命は思わぬ原因で尽きることがある。複合材料，電子情報などの問題について述べる。展示方法にも簡単にふれる。

8. 環境の測定
　照度，温度，湿度，大気汚染物質濃度の測定方法を簡単にまとめた。

目 次

本書の概要　*3*

1. 図書館・文書館の環境管理 …………………………………… *9*
   1.1　環境管理の必要性　*9*
   1.2　保存システムの構築　*9*
   1.3　災害　*10*
   1.4　保存のための組織　*11*
   1.5　本書の目的　*11*
2. 温度 …………………………………………………………… *12*
   2.1　寿命予測法　*12*
   2.2　紙の寿命変化　*13*
   2.3　望ましい温度　*15*
   2.4　低温による害　*16*
3. 湿度 …………………………………………………………… *18*
   3.1　湿り空気線図　*18*
   3.2　水分と湿度の関係　*20*
   3.3　カビと湿度　*20*
   3.4　酸加水分解と過乾燥による劣化　*21*
   3.5　湿度変動　*24*
   3.6　紙以外の材料に適する湿度環境　*25*
   3.7　箱と調湿紙の湿度変動抑制効果　*25*
4. 光 ……………………………………………………………… *29*
   4.1　可視光線，紫外線，赤外線　*29*

4.2　光源のスペクトルの形と光量　*30*

　4.3　照度基準・光が物質に与える影響　*31*

　4.4　人間の目　*33*

5．他の物質からの影響 ……………………………………………*35*

　5.1　塵　*35*

　5.2　大気汚染ガス　*36*

　　5.2.1　酸素　*36*

　　5.2.2　二酸化硫黄と窒素酸化物　*37*

　　5.2.3　木材からの汚染物質　*37*

　　5.2.4　アンモニア　*38*

　　5.2.5　その他の汚染物質　*39*

　　5.2.6　大気汚染のレベル　*40*

6．生物被害 ………………………………………………………*42*

7．保存システムとしての材料の寿命 ……………………………*43*

　7.1　寿命予測法の限界　*43*

　7.2　複合材料　*43*

　7.3　機械可読システム　*44*

　7.4　展示　*45*

8．環境の測定 ……………………………………………………*46*

　8.1　照度　*46*

　8.2　温度・湿度　*46*

　8.3　大気汚染物質　*49*

　　8.3.1　アルカリ性物質　*49*

　　8.3.2　二酸化硫黄　*49*

　　8.3.3　二酸化窒素　*50*

　　8.3.4　金属箔モニター　*50*

9．補遺　材料の安定性試験 ………………………………………*51*

10. 補遺　箱と調湿紙の効果 …………………………………… 54
　　10.1　箱の利用　54
　　10.2　調湿紙の効果　57
　　10.3　箱の調湿効果　57
11. 補遺　輸送時の温湿度環境 ………………………………… 59
12. 情報源 …………………………………………………………… 61
　　12.1　環境管理に関する参考文献　61
　　12.2　紙の劣化に関する参考文献　61
　　12.3　最新情報の入手先　61
　　12.4　ホームページ　62

引用文献　63
あとがき　68
索引　69

表紙デザイン■山田　邦夫

1. 図書館・文書館の環境管理

1.1 環境管理の必要性

　貴重書，郷土資料などは，長い期間，利用に供せるように保存しなければならない。そのためには，保存目標値を満足するような「保存環境」，「災害対策」，「代替化による原資料の利用制限」などを，各館の目標とするサービスに対応して考えていく必要がある。

　一般の蔵書のみからなる図書館では，環境整備は必要ないのであろうか。温湿度環境が不適切ならば，カビや虫の害が発生しやすくなる。直射日光が当たれば，本の表紙はすぐに色褪せるであろう。わずかな注意を払うことで，本や資料の寿命を飛躍的に延ばし，健康で快適な状態で本を利用し，館員が働ける。割合ラフな環境設定でよいものから，より長期間の保存のためのより厳密な環境設定が必要なものまで，程度の違いがあるだけであり，全ての館で環境管理は必要である。

1.2 保存システムの構築

　資料の保存は樽に貯まっている水の保存と同様に，樽のどこかに大きな穴があくと急激に保存期間が減ってしまう。全体のバランスをとりながら手当をする必要がある。もちろん手当のしかたにはいろいろな方策があるだろうし，災害というまれな現象も考慮に入れなければ，長期間の保存はあり得ない。「できるだけ残す」のではなく，保存目標を定めてそれを達成するような対策を立案し，実行に移さねばならない。樽上部からの水の蒸発までも抑えなくてはならないような場合には，窒素封入下での保存など，特殊な保存環境も必要となる。資料の評価，量などを考慮し，歴史的価値の変動を踏まえるならば，より手間

のかからない環境でより多くのモノを残し，そのモノの評価の高まったものを，順次より厳密な保存環境にて保存していくシステムを考える必要がある．本書では主に紙資料を取り扱うが，実際にはマイクロフィルム，CD-ROM など他の資料の特性も踏まえた議論が必要になる．

1.3 災害

「永久保存図書」の保存すべき期間を図書館員に問えば，答えは「できるだけ長く」となろう．しかし，全ての物質には寿命があり，より長く保存しようとするならば，酸素や光を絶った，低温の環境に保管する必要がある．それには大変なエネルギーが必要である．「できるだけ長く」という考え方は，どちらかというと，「モグラたたき」的発想なのではないだろうか．問題が生じた段階で，よりよいと思われる処置を施して，延命を図る考え方だからである．このような考え方になじまないのは「災害」[1]である．災害はある確率で必ず生じる．より深刻な災害はより低い確率で起こるが，これらの災害を乗り越える割合を考慮して，保存期間の期待値を推定することはできるであろう．ここで筆者が提案したいのは，災害からの生存を含めて，「永久保存図書」の一般的な保存期間を設定したらどうかというものである．例えば，保存期間を「500年」とし，この値をクリアするような保存環境設定や災害対策を行うのである．ただし，200年ないし250年後にこの設定を見直し，もしさらに長期間保存する必要があると判断された場合には，その時点でさらに「500年」の寿命が期待できる対策をするということを繰り返すのである．もちろん，このときの保存環境はより厳しい条件となっていくが，一方で，一般書から貴重書へと利用形態を制限すれば，必要な強度の最小値もより低い方へ移行できる．

500年を保証するに足る寿命予測手法が確立されているわけではないが，中性紙であれば通常の保管環境で700年程度の寿命は期待できる．よって，大量の資料の保存を考えるうえで，500年は適当な目標であろう．

1.4 保存のための組織

図書館の資料保存の考え方について，木部徹[2]は次のようにまとめている。

「自館の利用方針すなわち収集方針を明確にする」のが第一歩であり，その収集方針にあった資料をいつでも「利用可能な状態」に保存することを基本とする。「現物保存の必要性のレベル」，「モノとしての状態のレベル」，「利用頻度のレベル」に応じた「保存のニーズ」から具体的な対応策を導き出す。

この「保存ニーズ」を明らかにし，具体的な対応策を導き出すためには，館員が全体として保存政策を理解し，協力する体制が必要である。規模の大きな図書館では，専任の保存担当者をおくべきであるし，規模の小さな図書館では司書の中から保存担当を選出する。これらの人を中心に保存担当の作業グループを組織し，館全体の実行リストに組み入れる必要がある。図書館における保存の実際的な考え方は，ビデオ『利用のための資料保存』[3]によくまとめられている。

1.5 本書の目的

本書では，図書館における「保存ニーズ」を満足させるのに，大きな役割を有する環境因子について考える。環境因子としては，水，酸素そしてエネルギーをあげることができる。このエネルギーには温度（熱）や光が含まれる。

2. 温度

2.1 寿命予測法

　温度は物質を構成している粒子が平均どのくらい動いているかを示しているので，化学反応は温度が高いほど起こりやすくなる。図1，2はポジプリントの寿命予測例である[4]。図2のようなグラフはアレニウスプロットと呼ばれており，単一の化学反応は，温度と寿命（ある一定割合の劣化度に達するまでの時間）との関係がグラフ上で直線になるように軸の目盛りが設定されている(横軸は絶対温度の逆数であり，縦軸は時間の対数)。種々の化学反応が関与している場合には必ずしも直線上の変化を示さない。この場合には70，80および90℃での値がほぼ直線上に乗ったので，その線を常温まで外挿して常温での寿命を予測している。この方法による寿命予測では，推定に使った温度，湿度条件(例えば，20℃，50% RH)が明記される必要があり，この条件が変われば，推定値も変化する。

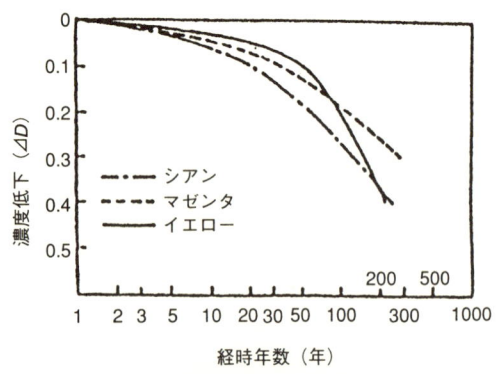

図1　カラー印画紙の暗所保存性 (金子[4] 1988)

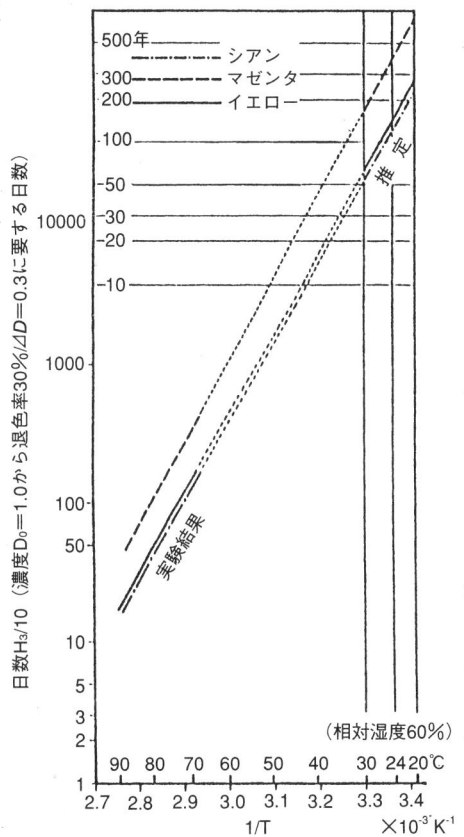

図2　暗所保存性の予測（アレニウスプロット）（金子[4] 1988）

　寿命予測は限られたある特殊な条件下で行われているので，時には大きく予測がはずれることがあることはやむを得ない。その例については「7.1　寿命予測法の限界」で述べる。

2.2　紙の寿命変化

　表1はR.D. Smithが行った紙の寿命に関する実験結果[5]である。25℃，50% RHでの紙の寿命を1とし，温度や湿度を変更した場合にどの程度寿命が変化

表1 25°C, 50% RH での標準状態と比較した, 温度と湿度を変化させた場合の紙の有効寿命 (R. D. Smith[5] 1970)

平均温度	平均相対湿度 (%)			
°C	70	50	30	10
35	0.14	0.19	0.30	0.68
25	0.74	1.00	1.56	3.57
15	2.74	5.81	9.05	20.70

注意 アメリカの図書館で標準状態として適当であると思われる雰囲気, 25°C, 50% RH を任意の標準1.00とした場合のそれぞれの値を示す。この標準状態を100年と考えるとよい。すると最低は14年であり最高は2100年である。
〔一定湿度の場合であり, 湿度変化, 特に過乾燥を繰り返すと寿命は著しく低下する。〕

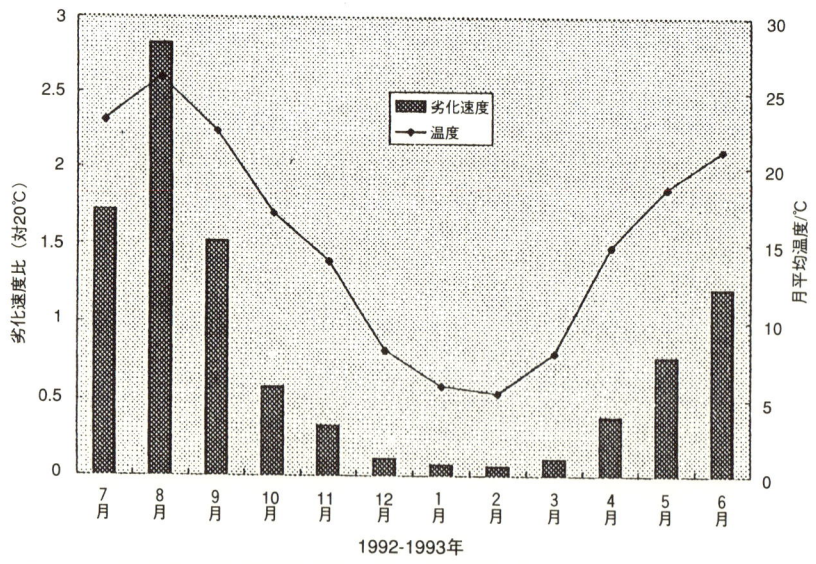

図3 冷泉家文庫の月平均温度を用いて20°C一定の場合と比較した月ごとの劣化速度
(吉田 (1995) 測定のデータ[6]より算出)

するかを，前項のような寿命予測実験の結果からまとめたものである。この値はある特定の紙の場合であり，実験条件や紙の種類が違えば値は当然変化する。この表では，50% RH 一定の条件下では温度が10℃変化すると寿命が5～6倍変化することがわかる。低温度で保存する方がモノの寿命は飛躍的に長くなる。

吉田治典が測定した冷泉家文庫（ふみくら）の月平均温度の値[6]を用いて，先のSmithの20℃，50% RH のときの劣化速度を1として計算した(注1)。その結果を図3に示す。6～9月の高温期に著しい劣化を受けるが，他の月は劣化速度が気温の低下に伴って遅くなっていることがわかる。夏期の冷房は意味があるが，冬期の暖房はモノに対してはマイナスの影響があることがよくわかるであろう。

2.3 望ましい温度

化学反応速度を考慮すると，保存のためには温度は低いほどよいことになる。一方，室内環境衛生基準には温度17～28℃（冷房の場合は外気との温度差7℃以内），湿度40～70% RH，気流0.5m/s以下などが規定されており，一般的には夏期25～27℃，50～60% RH，冬期20～24℃，40～50% RH がよいと空気調和関係の文献[7]には述べられている。これは，一般の閲覧室の温度・湿度の設定の基準値となろう。ただし，所蔵資料の保存が優先される場合はより低い温度の設定もあり得る。

収蔵庫も労働環境としての問題があるが，それはさておき，極端に閲覧室と温度差があると，モノの表面への結露の問題（「3.1 湿り空気線図」参照）などもあり，頻繁な利用には不適となる。一般には，上に一枚余分に着て収蔵庫に入る程度にするのがよい。

先のSmithのデータを用いて，年間一定温度での劣化速度を計算したのが図4である。冷泉家の新文庫の劣化速度比が意外と小さいかもしれないことを示している(夏の湿度を低めとして計算しているので正確な比較はできない)。夏の冷房はよいが，冬の暖房に対しては再考の余地があろう。虫菌害の抑制からいっても，冬季に通常なら活動が停止する虫を，暖房によってわざわざ活発化

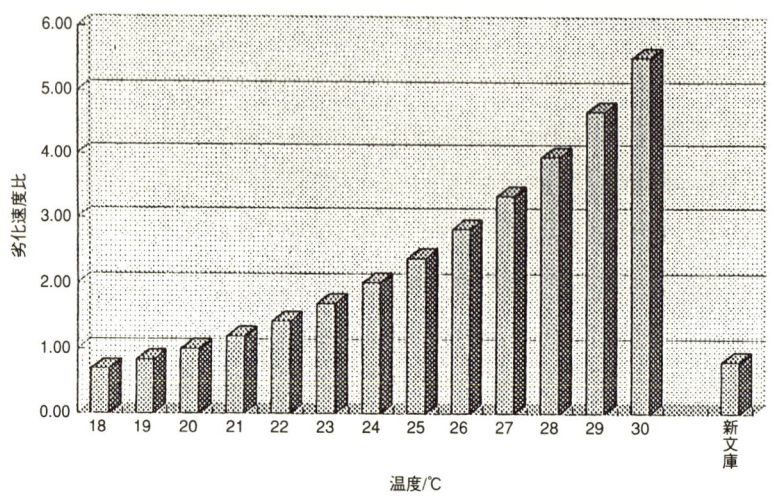

図4　冷泉家文庫と温度一定条件下との劣化速度の比較（年間）

させていることも忘れてはならない。冬季の暖房の見直しはまた，省エネルギーにも通じる。

年間を通して一定の恒温恒湿条件というのは再考すべきであると考えている。

2.4 低温による害

低温では水は凍る。このとき体積の増加が生じるので，破壊が生じる。大量の水損資料の救助時間を稼ぐ方法として凍結処理が用いられる[8),9)]。急激に凍結させれば氷の結晶が大きく成長しないので害は抑えられるが，それでもある程度の損傷はやむを得ない。このような極端な害の他に，プラスチック類などはガラス転移点といわれる物性の変化点が室温付近にあるものが多く，問題を起こすことがある。ガラス転移点以下の温度になると，急に堅く変化するものがあり，そのためこの温度以下で力を加えると破壊しやすくなるのである。単純な化学反応の速度は温度低下と共に低下していくが，物性変化などに伴う損傷を受けることもあり，低ければ望ましいともいえない難しさはある。

(注1) 文庫の湿度は70% RH 程度であるから，実際にはこれより数割大きい劣化速度を示すと計算できよう。また，冬季の暖房によっても相対湿度が下がるとすれば，実際には夏は湿度も高いので劣化速度はより高く，逆に冬の劣化速度はより小さくなる。よって両者の差はもっと大きいと考えられる。ともかく50% RH 一定としたときの温度の効果のみを浮き出させるために，ここでの計算は行った。

3. 湿度

3.1 湿り空気線図

図5は横軸に温度,縦軸に絶対湿度(absolute humidity)が目盛ってある[10]。絶対湿度は空気1 m³が含む水分量をg単位で表したものである。ある温度で空気中に含み得る水分量には限界がある。この量は温度の上昇と共に増加する。この最大限(飽和)の点を結んだのが,図中の曲線(100%(飽和))である。一方,ある温度で含み得る最大限の水分量に対する実際に含まれている水分量の割合を示すのが,相対湿度(relative humidity:RH)である。例えば,20℃では17.4g/m³で飽和となるが,同じ温度でその半分の8.7g/m³の水が含まれているときに50% RH(あるいは相対湿度50%)と表記する。よって,温度が異なれば,同じ相対湿度でも実際に空気中に含まれている水分量(絶対湿度)は異な

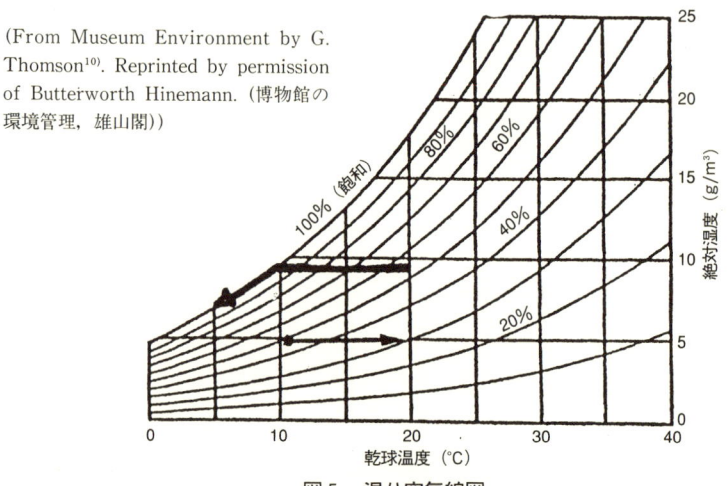

(From Museum Environment by G. Thomson[10]. Reprinted by permission of Butterworth Hinemann. (博物館の環境管理,雄山閣))

図5 湿り空気線図

ることになる。

　図中40％などと書いてある曲線は等しい相対湿度ごとの各温度での点を結んだものであり，この図を湿り空気線図と呼ぶ。

　図中の太い矢印に注目してみよう。20℃で55％RHに調節した部屋に5℃で保存しておいた図書を持ち出したとしよう。この場合に何が起こるであろうか。部屋の空気は本の表面で冷やされる。このとき絶対湿度（空気が含む水分量：9 g/m³）は変化しないので，図中ではまっすぐ左方向に移行する。しかし相対湿度は増加し，10℃弱の点で100％RHの曲線にぶつかってしまう。本の表面の空気は5℃まで冷やされていくので，最終的には空気中には約7.5g/m³の水しか含めないわけであり，ここで空気は水をどこかへ捨てなくてはならない。この捨てられる水が本の表面に結露する。本の表面温度が100％飽和点よりも高い温度になるまで結露が続くことになる。同様の現象は，例えば外に面した壁の表面でも生じる。内壁表面の温度を飽和になる点（露点）に達する10℃以上に保つように壁面の断熱性を高めるか，空気の流通を高めて壁面温度を高めに維持してやらねばならない。この結露の問題は，部屋の相対湿度を下げるということでも解決できるので，外部気温と建物の断熱性などにより湿度の設定を変える方法もある。

　小型のクーラーや除湿器の吹き出し口の空気は低温であるが，湿度が飽和状態に近く，モノを湿らせる危険が大きいことにも留意する必要がある。なぜならば，これらの機器は温かくて湿った空気を冷却板にぶつけて空気の温度を下げ，温度が下がった空気をそのまま吹き出し口より外に出すようになっている。湿った空気は露点以下に冷却されて除湿される（絶対湿度（空気の水分含有量）は低下）ので，相対湿度は100％になっている。この空気は温度が上昇しないうちは湿潤であり，吹き出し口付近に置かれたモノは吸湿することになる。夜間，空調機が止まったときに温度が上昇すると，湿気た状態で温度が上がるために，カビが発生する。

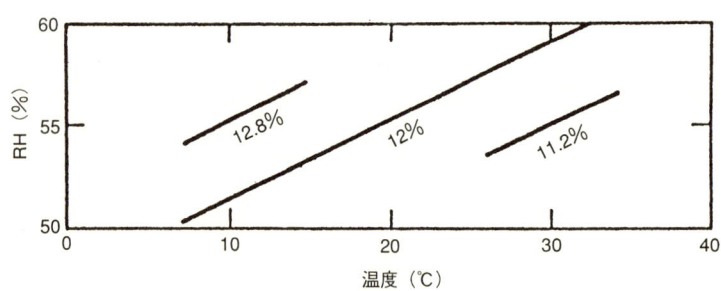

図6 木材の平衡水分におよぼす温度と相対温度（RH）の影響(From Museum Environment by G. Thomson[10]. Reprinted by permission of Butterworth Hinemann.)

3.2 水分と湿度の関係

紙や木材などはその水分（注2）が変化すると膨潤・収縮し、物理的な劣化を起こす。図6に木材の平衡水分（注3）が温度や相対湿度によってどのように変化するかを示す。紙もほぼ同様な変化を示すことが知られている。図から、木材の水分は温度があまり変化しない場合には、相対湿度の変化によって変化することがわかる。よって、通常の保存環境では相対湿度一定が水分を一定に保つ方法と同義とみなせる。

一方、梱包して輸送する場合などのように、資料量に対する空気量が極めて少なく、かつ温度変化が激しい場合、相対湿度一定はかえって資料の水分の変化を招いてしまい望ましくない[11]。輸送時の温湿度環境については、「11. 補遺 輸送時の温湿度環境」を参照されたい。

3.3 カビと湿度

正倉院の校倉中の辛櫃内の湿度は年間を通じて70% RH 近くの値で一定しているというデータがあり、正倉院では宝庫の湿度の基準としてこの値を用いていた（現在は60% RH 強）[12]。

カビの発生する温度・湿度範囲を示したのが図7である[13]。カビには黒カビのようにじめじめした所でのみ発生する湿性カビと、かなり乾燥しているところでも発生する乾性カビがある。図から60% RH 以下ならばカビは生育しないこ

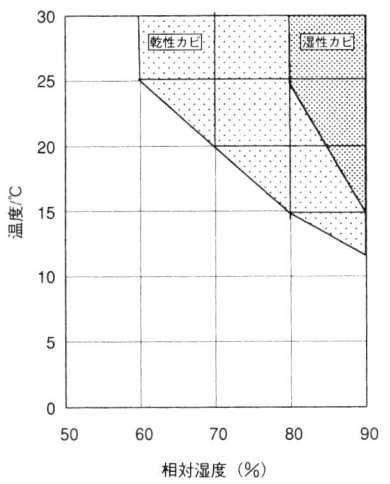

図7　カビの発育条件（齋藤[13] 1951）

とがわかる。このグラフの境界は絶対的なものではないが，一応の目安としてよく用いられる。実際，正倉院では70% RH を採用しているが，カビの害に悩まされているわけではない。このことは管理がよければそうむやみに資料がかびるわけではないことを示している。しかし，汚れた手で汚染されればかびる危険は飛躍的に増すので，資料の利用頻度が高い一般の図書館などで同じ湿度水準を採用するのはよくない。よって，60% RH 以下に保つというのが，実際的な基準となる。なお，資料の置いてある全ての箇所で湿度水準を超えないように管理するためには，低めの値を採用するのがよい。

写真のネガやフロッピーディスクなど絶対にカビをはやしたくない資料の場合には，60% RH 以下に保つことが大切である。

3.4　酸加水分解と過乾燥による劣化

酸性紙の劣化の主因は，酸加水分解によるセルロース鎖の切断である。よって，水の量によっても反応速度は変化する。Smith（表1）は，湿度を50% RH から10% RH に下げると紙の寿命が3倍程度延びると報告している。温度を10度下げ，相対湿度を40%下げることで紙の寿命が約21倍になる計算である。中

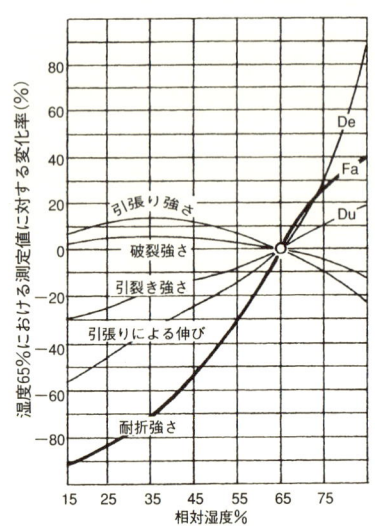

図 8　紙の諸性質に対する空気湿度の影響[15]
(Paper Testing Committee, Tappi 1929)

国の砂漠地帯から紀元前の紙が発見されている[14]ことは，この事実の裏付けであろう。しかし，常に湿度はより低い方が望ましいのであろうか。

　紙の中で水は潤滑剤の働きもしている。図8は，紙の強度が空気中の相対湿度の変化によってどのように変化するかを示している[15]。紙を折り曲げるときにはいかにしなやかに折り曲がるかが重要であり，水分の少ない状態では耐折強さは極端に低下する。例えば，60% RH から15% RH に下がると耐折強さは－92%となるので，100回の折り曲げに耐えた紙が8回で切れてしまうことになる。紙は水分が多い方がリラックスできる。乾燥した状態では紙は非常に緊張しており，疲労しやすいといえる。

　紙の劣化に関する別の考え方もある。図9はセルロースのフィブリル（束）の模式図である[16]。1本ずつの線がセルロース鎖を示している。セルロース鎖がきれいに配列している部分は結晶部といい，他の物質はほとんど入り込めず化学的に安定な部位である。一方，非晶部はセルロース鎖の配列が乱れているた

めに，セルロース鎖はお互いにすべることができ，フィブリルの柔軟性を保持している部分といえる。しかし，この部位には他の分子も容易に入り込めるので，酸加水分解による鎖の切断を受けやすい。鎖が切断されると当然強度が低下する。さらに，短くなった鎖同士は再配列しやすくなるので，お互いに小さな結晶部を形成してしまう可能性が高くなる。その結果，フィブリルの柔軟性は失われフィブリルは堅くなる。しかし，このように堅くなり互いに突っ張りあうようになると，力が弱い部分に集中しやすくなる。そのため，かえってその部位が破壊の開始点となり，一挙に破壊が進行するので，フィブリル全体としては脆くなる。さらに，このようなフィブリルが集合して繊維壁を形成する[17](図10)。この図ではそれぞれの角柱がフィブリルである。これらのフィブリル同士も一部が結合し，離れている隙間には水が存在して潤滑剤の働きをしている。もし，過乾燥されると，この隙間にある水分がなくなり，フィブリル同士は接触する。お互いによい位置でくっついた場合には，次に湿って水分が入ろうとしても，もはや口を開かなくなる。過乾燥と湿潤が繰り返されると繊維は徐々に角質化が進み，やはり堅く脆くなっていく。そのため，Smithの考え方に沿って，非常に乾いた場所に力がかからない状態でモノを保管しておくのは問題がないが，利用のために通常の湿った環境へ頻繁に持ち出すことになれば，かえって紙の劣化を促進する恐れがある。

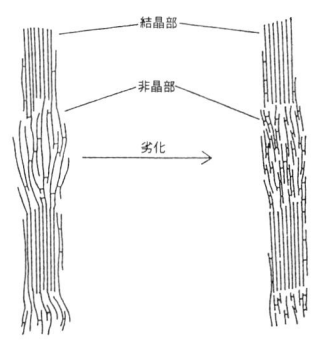

図9 セルロース繊維の模式図
(Krause, Koura[16] 1980)

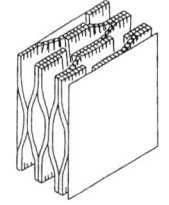

図10 セルロースの繊維構造モデル
(Scallan[17] 1974)

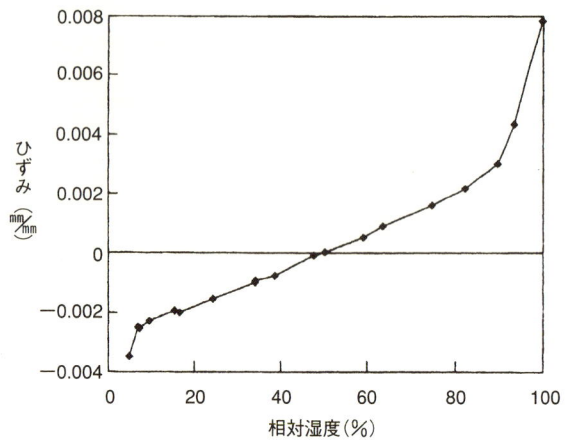

図11　RH50％からの湿度変動によって紙に生じるひずみ（David[18]）

3.5　湿度変動

　低湿や高湿の問題点は，湿度変化に対するモノの膨潤・収縮が大きいことにもある[18]。図11は，横軸が相対湿度，縦軸には50％RHで水分が平衡に達していた紙が，別の湿度にさらされたときに生ずる歪みが目盛られている。高湿度あるいは低湿度の領域では湿度変化による膨潤・収縮量が大きい。逆に一定量の歪みが許容されるならば，中湿度領域での湿度変動は低・高湿度領域でよりも遥かに大きい値が許容されることになる。また，低湿度領域では潤滑剤である水の存在が少ないために歪みは解消されにくく，RH変動による「疲労」が顕著に生ずる。一方，高湿度領域では紙は変形して歪みを開放するので，小口が波打つなどの変形の害を与える。

　モノに与える湿度変動による害はモノの状態によって異なる。例えば，歴史的な木材製品に対しては以下のような分類がある[19]。

湿度変動幅	危険度
±5% RH	安全
±10% RH	軽微な危険性
±20% RH	小さな危険性
±40% RH	重大な危険性

　材質が大変劣化しているものは±5％でも損傷の可能性がある。また，短期的な安全性と長期的安全性とはスケールが異なり，長期的視野からは変動幅を上記の分類で一段厳しく見積もる必要があるだろう。それは，繰り返しかかる応力によって材料の疲労破壊が生じるためである。

　すでに時代を耐え抜いて残存しているので，特別に材質劣化が進んでいるものを除いて，歴史的なモノの方が安定していることが多い。新しく制作されたばかりのモノの方が，湿度変化により損傷を受けやすいことに留意すべきである。

3.6　紙以外の材料に適する湿度環境

　マイクロフィルムはフィルムベース（酢酸セルロース以前のもの）が加水分解を受けやすく，紙よりも乾いた状態に保存する必要がある。カビが記録内容に大きな影響を与えるマイクロフィルムやフロッピーディスクについては，カビの防止を第一に考える必要がある。金属は乾いた環境を好むし，漆製品は逆に少し湿度の高い環境を好む。資料が単独の材料でできている場合は，それぞれに適する環境下で保存するのが望ましい。例えば，一定湿度を保持するキャビネットの利用が考えられる[20]。しかし，異なった湿度環境を好む異なった材料で構成されている資料の場合には，湿度環境の折り合いをつけねばならない。個別の資料ごとの望ましい湿度環境を表2に示す。

3.7　箱と調湿紙の湿度変動抑制効果

　「容器入れ」の有効性は日本の図書館や文書館には1980年代の中頃に紹介さ

表2　博物館資料のための望ましい相対湿度レベル (RH %) (Stolow[21] 1987)

資料	材料・状態・留意点	RH %
考古遺物	木材，皮，繊維製品	40-60
	石，陶磁器，金属	20-30
武器，鎧，金属	金属および酸化生成物の状態により異なる。木部に注意	15-40
	磨いた金属部（錆びない条件）	15以下
民族学的製品	木皮，布，籠，ロープ類，面，はね，皮製衣料	40-60
植物学	乾燥標本，種子	40-60
陶磁器，タイル，石	塩類の含有量による。	20-60
コイン，メダル	錆，酸化物，パティナおよびそれらの安定性による	15-40
衣類，繊維，ぼろ，タペストリー	絹，ウールが麻，木綿よりも湿度による損傷を受けやすい。絵が描かれているものはもっとも温湿度変化に弱い。合成繊維は比較的強いが，低湿度では静電気により表面に塵がつきやすい。	35-50
家具，象眼細工	木材の種別，組み方，表面の塗装により異なる。湿度変化の影響を受けやすい。	40-60
ガラス	Crizzled Glass（割れたガラス）は劣化がさらに進まないように厳密に相対湿度（たとえば40%）を調整する。他のガラスは相対湿度にはあまり敏感でない。	40-60
虫（乾燥標本）		40-60
象牙，骨の細工品	解剖学的標本よりも調節を要す。寸法変化は薄片を除いてたいへん遅い。	50-60
漆製品	日本の権威者は70%までのより高い値を推奨している。	50-60
皮革類，装丁	なめし法により異なる。	45-60
パーチメント，ベラム	湿度変化に敏感であるので変化幅を狭めること。	55-60
紙	（専門家によってはより低湿度を薦める）	40-50
張力のかかっている紙	屏風類，引っ張りフレームに張り込んである素描（相対湿度変化を少なくすること）	40-55
写真フィルム（映画，オーディオ，ビデオ）	ゼラチンは支持体の紙同様に湿度変化に反応する。プラスチックフィルムはあまり変化しない。	30-45

資料	材料・状態・留意点	RH %
キャンバス画	下地層のないものあるいは親水性の下地のものは，ワックスや合成樹脂による下地のものに比べ，湿度変化に反応しやすい。	40−55
板画，彩色のある彫刻	厚さ，木目，下地，寄木の方法によって変化する。ある種の板画が反らないためには湿度変化を最小限にする必要がある。肉の厚い木彫は季節的な変化に弱い。	45−60
彩色やワニスを施された種々の木材	楽器や彩色あるいはワニスをコートされた木材部品からなる作品	45−60
合成樹脂製品	湿度変化にはあまり影響されないが，低湿度では静電気を帯びて塵を吸着する。	35−50

注：北米や欧州を中心に考えているので，紙などの有機物について少し低めの値となっている。

れた[22,23]。保存箱に利用されているボードなどが環境の変化に対する緩衝材として働く。保存箱は，埃，煤塵等の汚染物質や種々の有害ガスから資料を護り劣化を緩和してくれる。保存容器の利用により，収蔵設備内にさらに制御された保存環境を作ることができるからである。また，保存容器の利用は物理的な損傷を避けるためにも有効である。例えば，湿度変化による紙資料の伸縮が抑制される。また，地震の際，棚からの落下による損傷も少なくなる。このような理由から保存容器の利用が推奨されている。

我が国では桐箱が推奨されているが，コストの点から全ての資料を桐箱に収納することはできない。紙の箱は手軽である上に類似の効果が期待される。酸性紙の劣化が問題となってから，保存容器の素材にも中性紙が用いられるようになった。

筆者らのグループでは，紙箱の湿度緩和効果について，実際の書庫において1年間測定を行った[24]。その結果は，湿度変動を抑えるには箱の透気度を低下させることが有効であり，フィルムで密封する，箱にコーティングなどを施す，箱の隙間を小さくする方法があるという常識的なものであった。空気の出入りが少なくなれば，外界からの汚染ガスや埃の影響も小さくできる。フィルムで

密封する場合には，脱酸素吸収剤を併用することにより，紙の酸化劣化や虫害の抑制が一層期待できる[25]。しかし，酢酸セルロース(TAC)ベースのマイクロフィルムでのビネガーシンドローム（「7.1 寿命予測法の限界」参照）のように，劣化している紙資料からも分解生成物が発生し，これがさらに元の紙資料の劣化を促進するであろう[26]。よって，密封にもデメリットがあり得るわけで，対象とする資料の状態に応じて選択する必要があろう。

私どもの実験では箱の裏に調湿紙(注4)を挿入すると，短期的な変動に対しては密閉度が劣る箱でもその調湿効果は密閉したものと同様な程度に飛躍的に改善されることがわかった。このことは，通気性がある箱でも調湿紙の挿入によって湿度変動による劣化を防止することが可能であることを示している。

箱の調湿効果に関する私どもの研究の詳細は「10．補遺 箱と調湿紙の効果」にて述べる。

(注2) 本書では，読みやすさに配慮し，「含水率」とすべきところも「水分」とした。厳密には，「水分（%）」は紙，パルプ中に含まれる水分量を全体の質量（水の質量を含めた値）に対する百分率で表したものである。木材分野では「含水率（%）」を用いるが，これは水分量をモノの絶乾質量（全体の質量から含まれる水の質量を引いた値）に対する百分率で表したものである。「水分」は100%を超えることがないが，「含水率」は500%のものもある。よって，パーセンテージが同じでもモノに含まれる水の量は少し異なる。

(注3) 平衡水分：同じ温度における，周囲の空気に含まれる気体の水とモノが含む水の量の釣り合いがとれたときの水分のこと。釣り合いとは，モノに出入りする水の量が等しくなった状態であり，モノの水に対する親和性や温度によってその値は変化する。

(注4) 調湿材は湿度変動を抑えるためによく用いられている。粒状のものは皿に入れたり，別の紙ケースなどに入れた形で利用するので，箱の内部に入れるには使いにくい点があった。調湿性を有する物質を紙に漉き込んだ調湿紙が市販されている。これは箱の蓋裏や集密書架の棚裏に固定すれば，取り扱いに影響を与えないという利点を有している。

4．光

4.1 可視光線，紫外線，赤外線

　光の中で人間が見ることのできる範囲のものを可視光線（visible radiation：VIS）と呼んでいる。自然光をプリズムで分けたときに見える虹色の範囲，すなわち紫（380nm（注5））から赤（780nm）までであり，見える範囲には個人差がある。可視部の両側の見えない光線を，それぞれ紫外線（ultraviolet radiation：UV），赤外線（infrared radiation：IR）と呼ぶ。紫外線の方が波長が短くエネルギーも高いので，モノに与える影響も大きい。紙を構成するセルロースは185nmの紫外線照射によってその主鎖が直接切断されるが，254nm の紫外線照射では直接には切断されない[27]。しかし，酸素やリグニンなど他の物質の関与があると

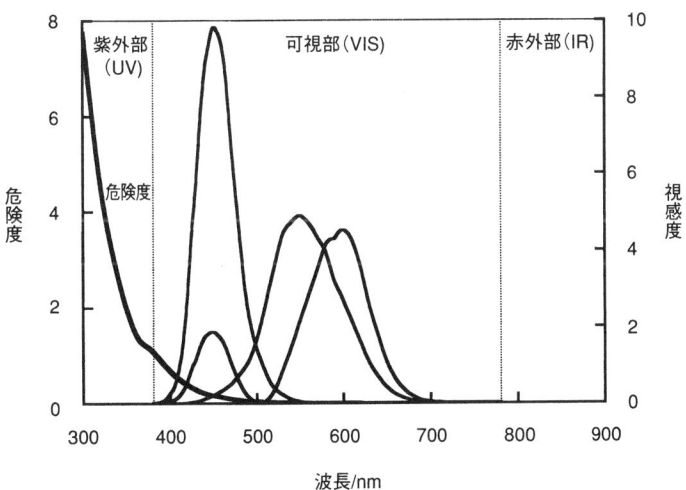

図12　光のモノに対する危険度（Harrison[28] 1954）と人間の視感度（三刺激値）

もっと長波長の光照射でも主鎖の切断が生じる。図12は，ハリソンが低級紙の劣化に与える各波長ごとの光の影響について調べた結果を示している[28]。波長の短い光ほどモノに対する影響は大きくなっており，隣接する紫外線と可視光線との間で急激な変化を示すわけではなく，可視光線でも紫の光の方が赤い光よりも影響が大きい。もちろん，光によって起こされる反応は光そのものを吸収することによって起こるので，各物質によってその影響が高い光の波長には差がある。例えば，赤い色素は紫など波長の短い光を吸収するのに対して，青い色素はこの範囲の光を反射するので，これも両者の耐光性の差となって現れる。すなわち，赤い色素の方が一般に褪色しやすい。

4.2 光源のスペクトルの形と光量

各光源のスペクトルを図13に示す。太陽光は紫外部，赤外部にも多くの光を含んでいる。しかも，他の光源に比べて光量も極めて多い。そのためにこれらの目に見えない光を除去することはもちろん大事であるが，入射光量の制限にも留意する必要がある。次項でこの点については改めて述べる。

蛍光灯は水銀の254nmの発光線とその共鳴線を含むため紫外線に富む。蛍光灯内部には紫外線を可視光線に転換するための蛍光物質が塗布されている。よって，その色味は用いられている蛍光物質の種類によって各種ある。博物館用などには優れた演色性を有するもの(EDL型)で，紫外線をカットする物質を塗布されているもの(NU型)が用いられる[29]。紫外線のカットには，蛍光灯用のプラスチックスリーブも市販されている。

白熱電灯(タングステン電球)は蛍光灯と異なり，あまり紫外線を含まず，暖色系のスペクトルを有する。通常の電灯に含まれる紫外線量は75μW/ルーメンであり，博物館などでの紫外線量の規制値として採用されている。その代わりに，電灯は多量の赤外線(入力エネルギーの約80%)を含んでおり，対象物質を加熱して害を及ぼす[30]。赤外線反射膜付シールドビーム電球あるいは赤外線反射膜付ハロゲン電球の利用，ガラスファイバーを利用して可視光線のみを必要な箇所に導く方法が博物館では採用されている。

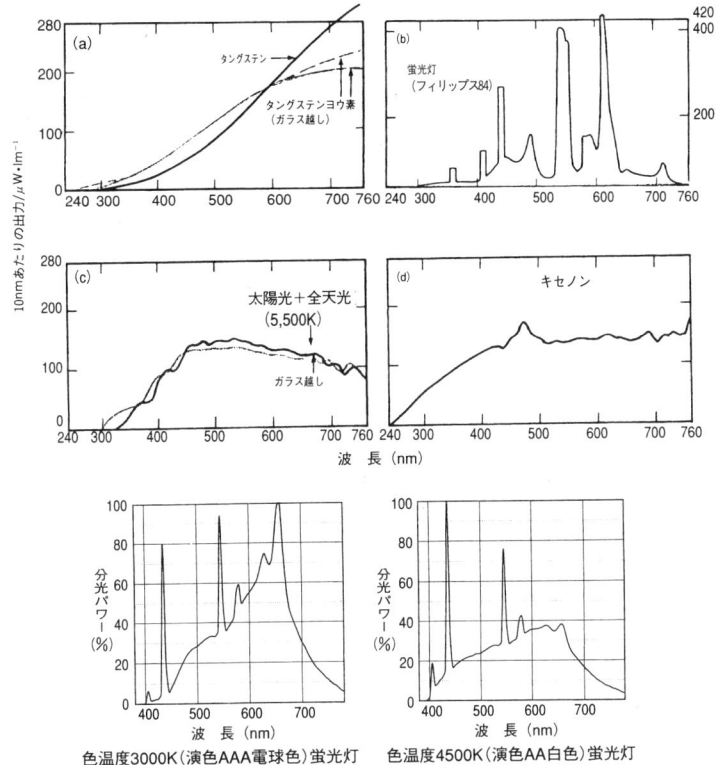

図13 光源の分光スペクトル(From Museum Environment by G. Thomson[10]. Reprinted by permission of Butterworth Hinemann, ナショナル)

キセノンランプは紫外線を多く含み光劣化の研究に用いられるほどであり,実際の資料を照明するのに用いてはならない。ただし,ストロボはその発光時間が極めて短いので,その影響は無視できる[31]。

照度が低い場合は暖色系（色温度が低い,赤っぽい）の光が好まれ,照度が上がるに従い寒色系（色温度が高い,青っぽい）の色が好まれることも知られている[32]。照明による劣化を抑えるには,暖色系の光で低照度がよい。

4.3 照度基準・光が物質に与える影響

光に弱いモノ(例えば,版画や染織品),通常のモノ,強いモノによって博物

館での照度基準値は異なっている。外国では，光に弱いモノに対して，50ルクス (lx) (注6) の照度制限値を採用しているところが多い。よって，外国からの借用品の版画などはこの基準での展示が要請されることが多いが，作品がよく見えないとの声もある。日本では照度を高めに設定するが，展示期間を年に1か月などと制限している。光がモノに与える影響は光の積算照度と単純に比例すると仮定して，照度と時間の積で制限を設けるのが実際的な方法の一つである。例えば，『IFLA 資料保存の原則』[33] では光に弱いモノについて年間積算照度5万ルクス時（50ルクスならば1日8時間として125日間）を規定している。

　もちろん，光がモノに与える影響は光の積算照度と単純に比例するわけではない。モノの種類や状態によってその影響は異なる。例えば，褪せた色の方が光に対して安定であることが多いし，ある照射量までは実際的な強度変化をもたらさないが，あるレベルを超すと急激な劣化を招くことがある。よって，個別事例にあっては，それぞれの材料に応じた対処は難しい。また，光化学反応には光一粒のエネルギーでは不足で，ほぼ同時に二粒分のエネルギーが入射したときのみ反応が起こる場合もある。このような場合には，照度を上げると急激に反応が起きてしまうので，極端に照度レベルを上げるのは危険である。

　参考までにG．Thomsonと半澤重信の照度基準を表3および表4に示す。

　太陽光はおおよその平均値で直射日光の下では10万ルクス，木陰で1万ルクス，室内窓際（北側）で1,000ルクスといわれている[35]。照度基準から考えると，これは桁違いに高い値である。英国のビクトリア・アンド・アルバート美術館では，紫外線吸収用透明フィルム，可視光線吸収用着色フィルムを窓に張り，窓からの屋内への光の進入を抑えるとともに，外部からの建物の見えにも配慮している。さらに，光量を抑制するためにメッシュのカーテンをかけているが，この処置の特徴は室内から外部が見えるため，窓のない状態に比べて部屋の開放感が確保できることにあろう。ただし，明るい窓が視野内にあると室内が相対的に暗く感じられるので注意がいる。

　光が当たれば何らかの影響があるので，不要な照明は落とす，あるいは箱に入れて直接光が当たらないようにするのも効果的である。ただし，赤外線を多

表3 G. Thomson 著『博物館の環境管理』による照度制限値[10]
 展示照明
  通常のもの（油画等）
   自然光または人工光   200±50 ルクス
   または年間積算照度   650 キロルクス・時
  弱いもの（染織品等）
   人工光   50 ルクス
   または年間積算照度   200 キロルクス・時
  展示場における照度むら   2：1以下
 修復   2,000 ルクス
 写真およびテレビ撮影：タングステンランプ 1,000 ルクス
      メタルハライドランプ 2,500 ルクス
      フラッシュ撮影   f22（ASA100）
 光源の演色性（注7） Raは90以上，最も悪いR値が80以上
 光源中のUV量は75マイクロワット/ルーメン以下であること。

表4 半澤重信著『博物館建築』によるわが国の照度制限値[34]
     日本画・水彩画   150 ルクス
     油彩   300 ルクス
     版画   100 ルクス
     染織   100 ルクス
     その他   200 ルクス

く含む光では箱内部の温度が上昇するので注意がいる。

4.4 人間の目

　光に弱いモノに対する50ルクスという照度制限値は，人間が色を色として認識できる最低限の光の入力量を測定した実験データに基づいている。この入力光量を得るためには，ダークグレー（反射率0.06）の表面におおよそ10ルクスの照度が必要と算出できる。この値に，老化による見えの低下などの個人差のための安全係数と，照明むら（約2倍以内）を考慮して，最大値50ルクスの照度制限が採用された[36]。一方，200±50ルクスの照度制限値は，照度レベルと見

えの官能評価との関係を求めた実験から決められている。「見え」の官能評価は照度増によって急激に上昇するが,200ルクスを超えるとだんだんと頭打ちになる。これ以上の照度増はモノに対する影響が大きくなる割に「見え」が改善されないので,この点が選ばれたのである[37]。

確かにモノの見え方は照度を上げても急激にはよくならないが,それでも作者が意図した見え方にするにはかなり強い光が必要であることもある。ほとんどの人があまりよく見えない状況で長く展示するよりは,よく見える状況で短時間の展示を選択した方がよいのではないか,という考え方が出てくるゆえんである。その第一歩が積算照度（照度×時間）という考え方である。

紫外線カット用のフィルターは資料の「見え」が大切な場合には,可視部の光スペクトルの形をゆがめないことが必要となるが,色味が大切でなければ,青色などのより短波長の光もカットするタイプのフィルターの方が保存の観点からは望ましいことになる。

日本工業規格（JIS Z9110-1979）での照度基準は,快適な照明のための最低基準という考えが強く反映されており,残念ながら資料の保護という観点は抜けているのではないかと思われる。

(注5) ナノメートル 10^{-9}m のこと。昔は10^{-10}m を意味するÅ（オングストローム）が用いられたが,現在は国際単位系（SI）に採用されている前者を使用することになっている。

(注6) 光の単位
  光度：光っている部分の明るさそのもの ［candera　カンデラ　cd］
  光束：光の出てくる量 ［lumen　ルーメン　lm］
  照度：照らされている所の明るさ ［lux　ルクス　lx］
  （1 lx＝1 lm/m^2,米国ではフィート燭（foot candle＝10.764 lx）を用いる）

(注7) 光源によって照明される物体色の知覚が,規定の条件下での基準光源で照明したときの知覚と合っている程度を表す数値を,演色評価数という。100が最もよく,値が低くなるにつれて悪くなる。8種の試験色ごとに求めた演色評価数（Ri値）から平均演色評価数（Ra値）は算出される（JIS Z8726-1975）。

5. 他の物質からの影響

水の影響については既に「3. 湿度」で述べた。ここでは，塵，大気汚染ガス，酸素などについて議論する。

5.1 塵

塵・埃はでき方・大きさにより名称が異なっている。でき方により，以下のように分類されている。

粉塵	固体の破砕によって生じたもの
ヒューム	蒸発・昇華を経て凝縮したり，化学反応により粒子化した固体の粒子状物質
ミスト	液体の分散したもの
霧	過飽和蒸気の凝縮したもの
煙	固体の微粒子が浮かんでいるもの

大きさによる分類では，以下のようになる。

浮遊ばいじん	大気中に放出されるといつまでも浮遊している（大気滞在時間は，1～2日程度，2～3 μm以下の粒径がほとんど）
降下ばいじん	単独または雨水とともに降下する粒子状汚染物

これらの物質は，それ自身がいろいろな有害成分からできていることが多いし，大気中で二酸化硫黄を吸着するなどしているので，資料に付着しないように注意する。塵が資料上に堆積すると，塵間の間隙は大変狭いので，毛細管現象と同様の理由でその内部は結露しやすくなり，液体の水を通して本紙へと有害物資が移行したり，カビの発生を招く。

最近は大変目の細かいフィルターが市販されており（HEPAフィルター），これらを使って建物内部を陽圧に保てば外部からの塵の進入は抑えられる。建物

内部においても，塵は人や機械の活動により発生するので，発生の抑制と，生じた塵の除去が必要である。箱に入れることで資料に直接これらのものが堆積しないようにするのも大変効果的である。

5.2 大気汚染ガス

5.2.1 酸素

　酸素は有機物質を酸化劣化 (注8) させるので，保存期間をより長期に設定する場合には酸素のない環境に資料を保存する。低酸素環境下では虫も死ぬため，防虫の必要もない。最近はよい脱酸素剤と酸素などの気体をほとんど通さないフィルムが市販されているので，容易に低酸素環境を実現し，維持できるようになってきた。脱酸素剤は水分中立型（脱酸素剤から水が発生したり，吸収したりしないタイプ：例えば三菱ガス化学製のRP-K™）を選択する。従来よく用いられてきた水の存在下で鉄と酸素を反応させて脱酸素させるような脱酸素剤（例えば同社のエージレス™）は，吸収すべき酸素量が少ないと，余った水分が放出されて内部が高湿度になってしまう。また，金属器の保存用に用いられるタイプ（例えば同社のRP-A™）は吸湿効果が高いので内部が乾燥してしまう。封入時に脱酸素剤の温度が高くなることがあるので，資料に直接脱酸素剤がふれないように配置する。開封時にはそのまま放置すると発熱するので気をつける。この脱酸素システムは永久にその状態を保てるわけではないので，内部に酸素インジケーターを同時に封入してモニターし，必要ならば新たに詰め直すことが必要である。なお，傷んだ資料が有害なガスを発生するような場合には密封そのものに問題があるが，この件に関しては「5.2.5　その他の汚染物質」で述べる。

　紙の酸化反応は鉄（クリップやホッチキスの錆，青インク），銅（緑青）などの金属イオンによって促進されるので，可能であれば，これらを資料からはずす処置を行うことが望ましい。インク焼けは酸と酸化の両方の劣化因子が関与しており，脱酸性処理のみでは不十分であるが，ある種のキレート剤に鉄インクによる酸化を防止する効果があるという報告[38]があり，近いうちに安定化処

理法が実用化されることが期待されている。

　オゾンは酸化能力が高いので，オゾンが発生する機材の使用は控えたり，資料から遠ざける。オゾンは放電現象に伴って発生するので，コピー機，レーザープリンター，放電タイプの除塵機がこれに該当する。Thomsonはトップグレードの美術館内の汚染濃度として $2\ \mu g/m^3$（1 ppb）(注9)以下を推奨している[39]。

　大気汚染物質ではないが多くの漂白剤も酸化タイプであり，これらの使用は資料にとって有害である。

5.2.2　二酸化硫黄と窒素酸化物

　二酸化硫黄と窒素酸化物は代表的な大気汚染物質であり，これらは強い酸性物質であるため紙資料に害を与える。また，窒素酸化物は酸化力を有する場合もある。これらのガスは自動車からも多量に発生するので，道路側の方が汚染度が高い。アルカリ性の箱（中性紙製）はこれらのガスを吸着するので，内部の資料の保存に寄与する。Thomson[39]はトップグレードの美術館内の汚染濃度として，二酸化硫黄，二酸化窒素ともに$10\mu g/m^3$（26ppbおよび19ppb）以下を推奨している。米国規格標準局[40]では文書の保存環境として二酸化硫黄については$1\ \mu g/m^3$（2.6ppb）以下，二酸化窒素については$5\ \mu g/m^3$（9.5ppb）以下としている。二酸化硫黄と窒素酸化物濃度に関しては，各自治体で継続して濃度測定を行っているので，特に心配な場合はこれらのデータを元に空気清浄装置の導入を計画するのがよい。

　水洗浄法は酸性ガスの除去に効果がある。活性炭は酸性ガスのみならずオゾンも除去できる。化学吸着剤（例えばピュアライト）もある。除去すべき汚染物質に適した方法を選択することになる。

5.2.3　木材からの汚染物質

　ヨーロッパ諸国ではケース材料としてオークなどが好んで使われるせいか，これらの材から発生する酢酸による金属や石の腐食が問題にされる。合板を使

用した場合にはホルムアルデヒドガスが発生し，写真画像の劣化，紙の酸性化などを引き起こす。我が国の収蔵庫でよく問題になるのは，ヒノキである。腐りにくく香りのよいヒノキ材は住宅用材としての評価が高く，しばしば貴重書庫の内装材に用いられて問題を引き起こしている。香りがするということは逆に材が多くの抽出成分を含んでおり，それを大気中に発散させていることを意味している。ヒノキ材で内装した収蔵庫をあまり換気せずに空調すると，材からヒノキチオールなどの抽出成分が庫内の空気中に放出され貯まっていく。行き場を失ったこれらの成分は収蔵品の表面に付着してシミとなる。収蔵庫の内装材としては桐，杉の辺材部（赤い心材部でなく，周りのいわゆる白太部分），スプルースなどがよい。最近では合成の壁材なども市販されている。

5.2.4 アンモニア

打ち立てのコンクリートからアルカリ性のガスが発生し，油画の変色などの害を引き起こすことは1967年に登石健三ら[41]が報告している。このアルカリの主成分はアンモニアガスであることが知られている[42]。コンクリートの乾燥初期に水と共に多量に発生し，2年くらい後にはかなり少なくなる（図14）[43]。ア

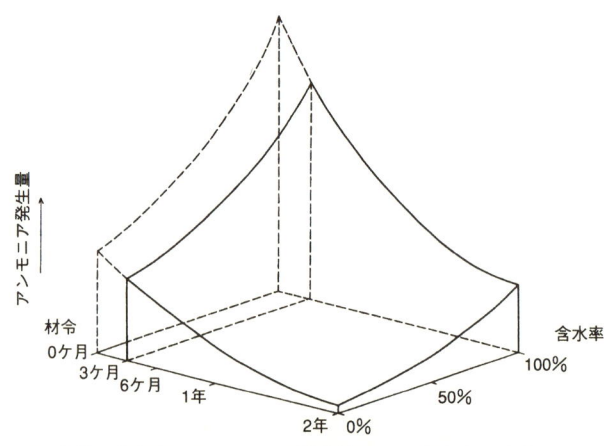

図14 コンクリートからのアンモニア発生量とその含水率の変化（黒坂[42] 1992)

ンモニアガスに弱い毛髪湿度計が狂うことも指摘されている。打ち立て直後には，コンクリート軀体より大量に水も発生するので，新築すぐにはモノを入れないのが望ましい。せめて一夏は建物を乾燥させたい。

5.2.5 その他の汚染物質

臭化メチルは単独あるいは酸化エチレンと混合されて（商品名「エキボン」）として資料の燻蒸によく用いられるが，一部のジアゾコピー（青焼き）と反応してメチルメルカプタンなどの悪臭成分を発生させている例が報告されている[44),45)]。燻蒸剤は強力な反応性を有するので，多かれ少なかれ材質に影響を与える可能性がある。

塩化ビニールは光が当たると分解し，塩化水素を発生する。また，可塑剤が資料に移行してインクを溶かす。

資料自体も分解すると，分解生成物の作用で劣化が促進されることがわかってきている。その代表的な例が，酢酸セルロースベースのマイクロフィルムで起きたビネガーシンドロームである（「7.1 寿命予測法の限界」参照）。このような危険性を考えると，傷んだモノを密閉してはならないということになり，適度な換気が肝要ということになる。紙資料の封入保存に関しても，密封すると劣化が早いが，内部に中性紙や活性炭含有紙を入れておくと有害ガスの中和や吸着によって劣化速度が低くなるという報告がある[46)]。

なお，包材として利用可能なもののリストとしては，ANSI/NISO Z39.79-2001 (Environmental Conditions for Exhibiting Library and Archival Materials)で規定されている展示ケースへの利用可能品と不可品とのリストが参考になる[47)]。なお，ここでリストにない物質について評価すべき項目として，発生ガス，有害物の接触転移，水溶性，染料の転移性，塗膜の表面状態および厚さ，pH，耐摩耗性をあげている。なお，荒井宏子は市販の包材の写真活性度試験を行い，その結果を公表している（「9．補遺　材料の安定性試験」参照）。

5.2.6 大気汚染のレベル

　大気汚染は人間にも大きな害であるので，一時ほどのひどいレベルは改善された。しかし，大都市における窒素酸化物濃度は依然として高い濃度を維持している。自館付近の大気汚染濃度は地元の役所で手に入る。また，より細かい窒素酸化物濃度分布は民間による一斉分析が毎年行われているので，そのデータも入手できよう。さらに進んでその際に自館の周りのきめ細かい測定を行うことも容易である[48]。

　西山要一[49]は奈良周辺の大気汚染の測定と文化財への影響についての研究を行っている。二酸化窒素汚染マップを図15に示す。道路側でその濃度が高い。よって，吸気口を道路と反対側にするだけでも効果があることがわかる。西山はさらに建物内外，さらに櫃の内部についても測定しており，1990年4月から1992年3月までの日平均で二酸化窒素濃度は東大寺での測定例として，経庫床

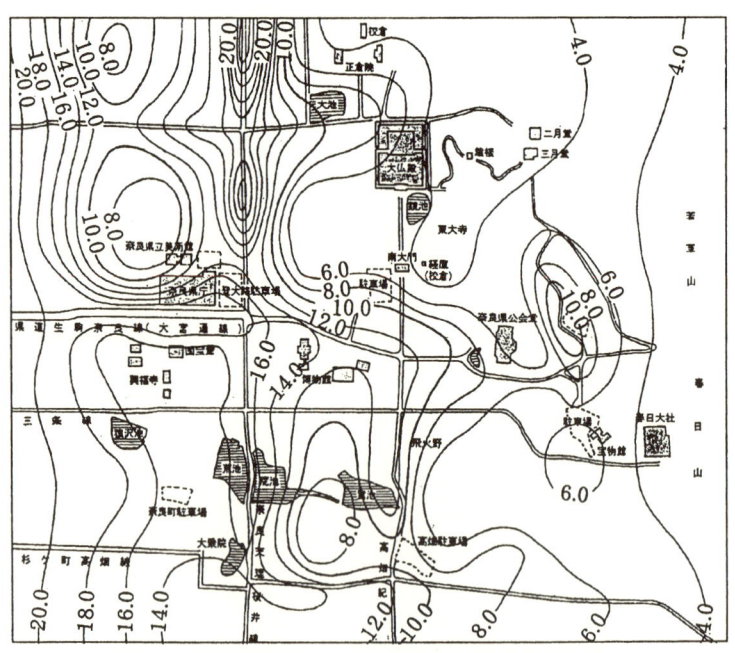

図15　奈良公園一帯における二酸化窒素濃度分布　夏
(1993年7月16日～17日　ppb)　(西山[49] 1995)

下が10.5ppb，経庫二階が6.8ppb，経庫二階櫃内が3.3ppb と報告している。建物内，櫃内と約半分ずつに減っている。このように外部からの大気汚染の影響の抑制にあたり，箱に入れることの効果は大きい。

(注8) 酸化と酸
酸化 純物質が酸素と化合すること。
酸 酸味その他の共通な特性を示す一群の物質を古くから酸と呼び，酸の作用を中和するものを塩基と呼んでいた。初期の頃は酸は酸素原子をもっていなければならないと考えられていたが，塩酸（HCl）のように酸素原子をもたないものもある。炭化水素に酸素が入るとアルコールになり，それが酸化されてアルデヒドになる。さらに酸化されるとカルボン酸となる（さらに酸化が進めば水と二酸化炭素となる）。通常，酸化されると酸性物質が生成するので，酸性化（pHの低下）が生じる。

$$R\text{-}CH_2\text{-}OH \rightarrow R\text{-}CH=O \rightarrow R\text{-}COOH$$
　　　アルコール　　　アルデヒド　　カルボン酸

しかし，酸化と酸性化は別の概念であり，脱酸素剤は酸化を防止するものであり，脱酸（性）処理は酸を中和する（過剰のアルカリの付与も含めた）処理である。

(注9) 大気汚染に用いられる単位
ppm（part per million）　　濃度，存在比などを表す単位の一種で，100万分の1（10^{-6}）を意味する。
ppb（part per billion）　　上記と同様の単位で10億分の1（10^{-9}）を意味する。
μg（マイクログラム）　　10^{-6}g のこと。

6. 生物被害

　生物防除対策として定期的燻蒸処理（臭化メチルと酸化エチレンの混合ガスである商品名「エキボン」等による燻蒸処理）を行っている館が多いであろう。しかし，臭化メチルはオゾン層破壊に関連した物質として2005年に原則として使えなくなる[50]。また，酸化エチレンは毒性が強いため，濃度規制値は職業上の被爆に関して1 ppmとなっている。換気が悪い場所では，資料や建材などが吸収していた燻蒸ガスが徐々に再放出され，かなり長期間にわたり収蔵庫内を規制濃度以上に保つ危険性が指摘されている[51]。また，「5.2.5　その他の汚染物質」で述べたように，一部の青焼き書類が臭化メチルと反応して悪臭を発生させている。このような時代の流れを反映して，総合的生物防除管理(IPM：Integrated Pest Management)[52]という考え方が導入されつつある。総合的生物防除管理とは，燻蒸処理は生物被害が発生してしまった場合に限定的に使用し，そのような害が発生しないように環境を整え，虫の発生の有無やカビの濃度についてモニターを適切な間隔で行うことで害を抑えようとするものである。本書の立場からは温度を低めに保つことが重要といえる。我が国でも既にいくつかの博物館などでの実践例が報告[53],[54],[55]されており，また一部の業者は業務として受注し始めている。

　被害が生じた場合にも熱処理（低温，高温）や，脱酸素法など，危険な薬剤を使わない方法が検討されている。未だ十分に確立されたとはいえないが，この分野に関する情報を適切に入手して活かしていくことが求められる。2000年現在では燻蒸法については東京文化財研究所等がまとめたものがある[56]。また，この分野の従来の知見に関する文献[57],[58]も参考になる。

7．保存システムとしての材料の寿命

7.1　寿命予測法の限界

　寿命予測は限られたある特殊な条件下で行う。特に，複雑に絡み合った化学反応の総体を単一の化学反応速度と見なして算出することが多いので，予測の誤りも当然ある。時には大きく予測がはずれることがあることはやむを得ない。このような例として，ビネガーシンドローム（vinegar syndrome）と呼ばれる酢酸セルロース（TAC）ベースのマイクロフィルムの劣化現象を挙げることができる。酢酸セルロースは開放系と密封系とで劣化速度が大きく変化する。当初，酢酸セルロースの耐久性試験は分解生成物が揮散するような系（開放系）で行われ，数百年の寿命があるとされていた。密閉容器中で20年程度保管していたマイクロフィルムの一部に，容器を開けたところ酢酸臭がし，マイクロフィルムがワカメ状に変形するなどの被害が発見された。この現象は，酢酸セルロースが分解して発生した酢酸が自分自身の分解を進める作用（自己分解触媒作用）があることに起因していることが，後に発見された。酢酸セルロースが分解して発生した酢酸が揮散しないように密封して（密閉系），耐久性試験を行うと予想寿命は大変短くなることが確かめられたのである[59]。

　「新しい籠に全ての卵を入れない」配慮が必要な理由である。一方，古い籠も，例えば大気汚染がひどい現在では，既に朽ちようとしているかもしれない。

7.2　複合材料

　複合材料の寿命は環境条件によって影響を受けやすい，例えば，マイクロフィルムのベースはより安定なポリエステルベースに変更になったが，画像記録部は相変わらずゼラチン層が受け持っている。そのため，湿度変化の際に，従

表5　相対湿度および温度の条件 (JIS Z 6009-1994)

保存条件	相対湿度%			温度℃
	最高	最低		最高
		セルロースエステル	ポリエステル	
中期保存条件	60	15	30	25*
永久保存条件	40	15	30	21

*理想的には、温度は長時間にわたって25℃を超えてはならず、20℃より低い温度が望ましい。短期的なピーク温度は32℃を超えてはならない。
備考1　この湿度および温度の条件は、1日24時間維持しなければならない。
　　2　セルロースエステルおよびポリエステルのフィルムを同一の場所で保存する場合、永久保存での推奨される相対湿度は30％である。

来の酢酸セルロースベースならば共に伸び縮みしたものが、ベースはほとんど動かないために、ベースと画像層の間にストレスが生じやすくなってしまった。よって、マイクロフィルムの最適保存環境における湿度範囲の規定が狭くなっている（表5）。ベースの寿命としては飛躍的な改善であるが、他の面でマイナスの現象が生じている例である。

7.3　機械可読システム

情報記録媒体としてのモノの寿命は、可視情報と機械可読情報では大きな違いがある[60]。機械可読情報は高密度記録が可能であるなどの特徴を有するが、記録媒体のみでなくそれを解読する機械が健全な状態で残っていないと意味をなさない。すなわち、モノそのものの寿命以外に規格の寿命といった要素が大きな意味をもつ。例えば、ビデオテープの規格の変遷を考えてみればわかる。デジタル化されて複写の際の劣化はなくなってきたが、16mmフィルムで保存した方が確実に情報を読み出せるシステムが存続している。また、機械可読情報媒体は劣化の程度が判別しにくいので、全体の中で最も劣化が早いモノが寿命となったときを全体の寿命として次の媒体に移さなければならない。可視情報は読み取り機械の問題もなく、また、肉眼で劣化の程度を判定できるので、より傷みの激しいモノから次の媒体に移すなどの処置がとりやすいメリットがある。電子媒体の信頼性は急速に高まってきているが、高密度記録は情報の冗長性が

少ないために，傷に弱いという点も考慮すべきである．紙の虫食い部分ならば情報の消失はその部分に限られるが，光磁気ディスクでは小さな傷でも新聞1ページ分の情報が失われるだろう．この場合には，複製が容易であり，収納場所もとらない特性を活かして，コピーを別置するなどの対策が適していることになる．

7.4 展示

展示のために本のあるページのみを開いたままで，長期間放置している例をよく見かける．そのページには埃が積もり，光でやけ，場合によっては本全体が変形している例もある．一方，短期の展示といえども，本を開かせるために力を掛けて無理矢理抑えるのもよくない例といえよう．開きの悪い本を展示するためにはフラットに広げなくてもよいようにサポートを準備し，ページも幅広のもので軽く抑えるようにしたい．

8. 環境の測定

　測定は，保存すべき資料が保管されている全ての場所において全ての時間行うのが理想である。任意の一点のみで実際の保存環境を評価してはならない。常時測定する地点との偏差を把握しておく必要がある。

8.1　照度

　書庫内は暗いほどよい。必要のないときは照明を切る。資料が箱に入っている場合は，照明による温度上昇がなければ，気にしなくてよい。閲覧室では読書に快適な照度が必要である。例えば，日本工業規格（JIS Z9110-1979）では公共会館内の図書閲覧室の照度を300～750ルクスとしている。
　直射日光が入らないような対策が必要である。
　人間の目はその場所の明るさに慣れてしまう性質がある。例えば，導入部を暗くすると，実際の展示物の照明が明るく感じられるし，逆に外光の入る窓があると他の部分が大変暗く感じられる。正確な照度を知るためには照度計が必要である。通常の管理用には数千円程度の安価なもので十分である。紫外線照度計（15万円程度）は通常必要ないが，気になるようであれば機器を借用し，測定するのがよいであろう。

8.2　温度・湿度

　温湿度は，部屋の中心，壁際，床と天井，開放部（ドア・窓）や空調機の吹き出し口などで異なり，時間的には1日，2週間，1年という周期で変化する。外壁に面した箇所は外気温度の影響，西日の影響などを強く受けるので，別個に測定する。
　温湿度計には種々あるが，同じ環境で測定した際のデータがある[61]。

1）アースマン通風乾湿計　　41.1% RH　　19.6℃
2）電子式デジタル温湿度計　41.0% RH　　20.3℃
3）簡易温湿度計　　　　　　48.0% RH　　20.0℃
4）毛髪式温湿度計　　　　　41.0% RH　　20.8℃
5）バイメタル式温湿度計　　34.0% RH　　21.7℃

アースマン通風乾湿計 (図16)[62)] は2本のガラス温度計の一方の球部にきれいなガーゼを一重に巻いておき，測定の都度この部分を湿らせ，ゼンマイあるいはモータで一定風速の空気を温度計の周りに流して測定する。狂いにくく信頼できる装置であり，上記のデータの基準値といえる。しかし，測定に時間がかかり(1回5分の測定を数回行い平均する)，かつ慣れが必要な器具である。一般の図書館・文書館での基準として用いるには次のデジタル型温湿度計がよい。

電子式デジタル温湿度計 (図17) は高分子膜式センサーを用いたものであり，アースマン通風乾湿計と同様な結果を得ている。湿度指示値は時間とともにずれていく傾向があるので，校正機能付きのものを購入するか，あるいは業者に委託して年に一度は校正したい。このタイプのものには内蔵メモリーにデータを蓄積できる小型タイプのもの（データロガー）があり，箱の内部の温度を計るなど，環境研究に有用に活用されている[24)]。

簡易温湿度計 (図18)[62)] はアースマン通風乾湿計と同様にガラス温度計を用いているが，下部に水溜めがあるために風がないと水溜からの水分により湿度が高めに表示される。また，常時ガーゼが湿っているために，ガーゼが汚れ不正確な値を示しやすい。

毛髪式温湿度計は自記記録型 (図19)[62)] でよく用いられるものであるが，湿度表示は狂いやすいので，少なくとも1年に一度は調整する必要がある。このときには，電子式デジタル温湿度計を基準にするとよいだろう。ただし，毛髪式温湿度計は環境の変化への追従が遅いので，できるだけ安定した環境で数回チェックした方がよい。毛髪式温湿度計が特に狂うのはアンモニアガスにさらされたときであり，打ち立てのコンクリートあるいはトイレの近くでは1か月で

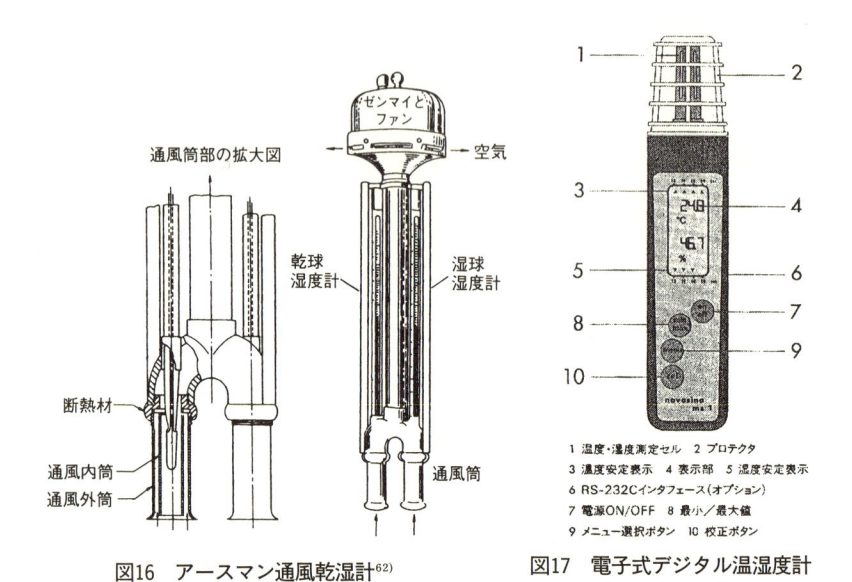

図16 アースマン通風乾湿計[62]

図17 電子式デジタル温湿度計
(novasina msl)

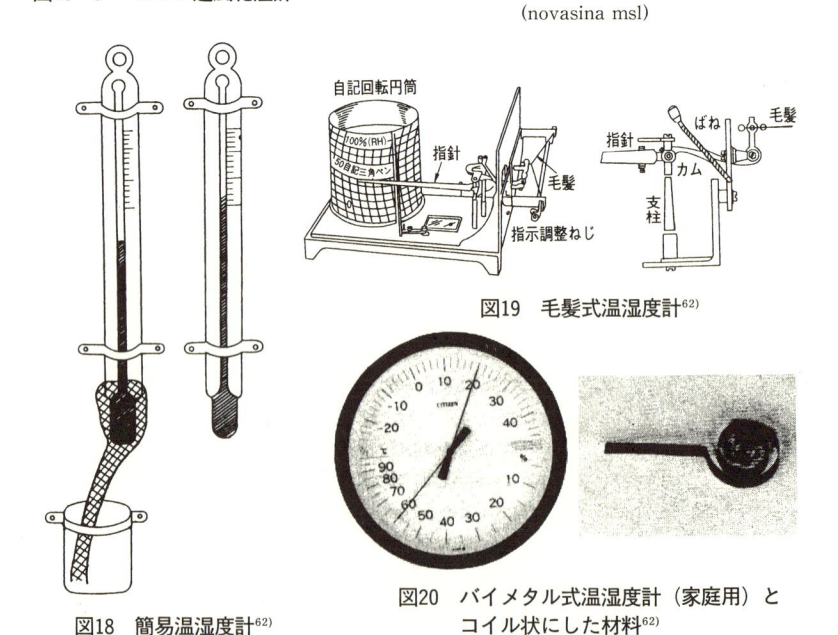

1 温度・湿度測定セル 2 プロテクタ
3 温度安定表示 4 表示部 5 湿度安定表示
6 RS-232Cインタフェース(オプション)
7 電源ON/OFF 8 最小／最大値
9 メニュー選択ボタン 10 校正ボタン

図18 簡易温湿度計[62]

図19 毛髪式温湿度計[62]

図20 バイメタル式温湿度計（家庭用）と
コイル状にした材料[62]

もかなりの誤差を生じることがある。自記記録式の利点は環境の変化を目で容易に把握できることであり，データロガーのようにコンピュータでいちいちグラフ化しなくてもよいため，日常的な管理に適する。

バイメタル式温湿度計(図20)[62]は一般には調整機能がなく，大雑把に測定するのみである。しかし，安価で小型なので，展示ケースの中などのように多くの場所の測定に適する。

他に色変化型の紙上に色素が塗られているタイプのものもある。これは本当にラフな測定であるが，バイメタル式温湿度計よりさらに小型かつ安価であるので，より多くの場所の日常的な管理に適する。

数値そのものが大きくずれていると問題であるが，相対湿度測定であれば±5％の測定誤差は普通である。同時測定する場合は，機種間でのずれをあらかじめ同一環境下で調べておくとよい(注10)。

8.3 大気汚染物質

8.3.1 アルカリ性物質

環境中に存在するアルカリ性物質と酸性物質の検知には変色試験紙法がよく用いられる[63]。各種のpH指示薬の混合物をろ紙にグリセリン溶液の形で塗布したものであり，自作もできるが，市販品を購入するのが便利であろう。アルカリ性物質としては打ち立てのコンクリートから発生するアンモニアガスが有名であるが，酸性物質としては木材からの各種有機酸がある。変色試験紙は両者が拮抗すると中和付近を示してしまうので，注意が必要である。

他にアマニ油含浸紙法がその黄色指数の測定から行われることがある。

8.3.2 二酸化硫黄

文化財関係では二酸化鉛法[64]がよく用いられていた。一方，西山要一はトリエタノールアミン円筒ろ紙法で奈良地域の汚染濃度の継続測定を行っている[49]。

8.3.3 二酸化窒素

二酸化窒素の測定には簡易法[48]が考案されており，地域の一斉調査も継続的に行われているので，このときに相乗りさせてもらえば自館の周りの汚染状況を容易に知ることができる。

8.3.4 金属箔モニター

複合的な大気汚染物質などの状態を測定するために，変色しやすい銀などの金属箔を用いる方法も正倉院などのモニターとして使われている。収蔵品に金属を用いた貴重資料がある場合にはこのような測定も必要である。銀箔の場合には，電気化学的方法で汚染物質がどのようなガスであるかの測定も行える。また，電気的に銀や銅の錆化をモニターする機械も市販されている。

(注10)　一定の湿度下で校正を行いたいときには，表6に示す飽和塩溶液を用いるのが便利である。密閉できる容器を用意し，目的の湿度に近い純度の高い塩を純水に溶かす。このとき必ず不溶の塩が残っている（このとき溶液は飽和状態）ことがポイントである。中が一定湿度になるまでには時間がかかるが，東京芸術大学大学院保存科学研究室で湿度計を調整するときにもこれを用いている。ノバシーナ社の湿度計ではこの飽和塩溶液が小さなカプセルに加工されていて，センサー部にこのカプセルをはめることで簡単に湿度計の校正ができるようになっており，大変便利である。

表6　塩の飽和水溶液と平衡する相対湿度 (JIS Z8806)

塩の種類	相対湿度 (%)							濃度(%)*
	0℃	5℃	10℃	15℃	20℃	25℃	30℃	25℃
K_2SO_4	99	98	98	98	98	97	97	10.8
KNO_3	96	96	96	95	95	94	92	27.5
KCl	89	88	87	86	85	84	84	26.4
NaCl	76	76	76	76	75	75	75	26.4
NaBr	65	64	62	61	59	58	56	48.6
$Mg(NO_3)_2$	60	59	57	56	54	53	51	42.1
K_2CO_3	43	43	43	43	43	43	43	35.4
$MgCl_2$	34	34	33	33	33	33	32	35.4
LiCl	11	11	11	11	11	11	11	45.9

*無水物の重量%

9．補遺　材料の安定性試験

　包材は資料と直接触れる機会が多いので，その素材は安定で資料に危害を与えるような物質を含まないこと，および分解生成物を発生しないことが強く望まれる。包材などの試験方法としては，写真用包材の活性度試験法が確立されている。荒井宏子[65]は，この方法を用いて写真保存用包装材料として市販されているものから82銘柄を選択して試験を行い，56銘柄を適格とした。和紙についても63銘柄を試験し，55銘柄を適格とした。さらに，修復・装幀用糊剤についても15銘柄を試験し，13銘柄を適格とした。なお，荒井はこれらの試験結果は一応の目安となるが，工業製品の場合は常にロットによる変動を考慮する必要があることを付け加えている。

　荒井の結果は大変有用なものであるが，写真活性度試験は手間がかかり一般にはなかなか適用しにくい面もある。美術館などで過去20年間にわたってよく行われているのは，大英博物館で開発されたOddyテストである。試験管中に試験片を入れて銀箔などの変色を加熱試験で判定する方法であり，試験者によって結果の判定がばらつく欠点があるが，簡便なためよく用いられている。

　試験材料のロットの違いによる影響については，荒井も指摘しているが，英国のビクトリア・アンド・アルバート美術館では，試験後12か月以上経った製品を新たに使用する場合には，再試験することになっている[66]。

●写真活性度試験
　写真用包材の試験としては写真活性度試験がある。荒井はこの試験をANSI/NAPM IT 9.16-1993に準拠して行い，その結果を報告している[66]。

退行ディテクター：コロイド銀フィルム（アグファ・ゲバルト社製）
　(Image Permanence Instituteで配布)

汚染ディテクター：KODAK ELITE FINE ART PAPER を下記の条件で処理
    定着処理；定着液　コダック　F-5, 20℃　5分
    水洗　　　　　　　　　　　　　　　　30分
    ハイポ除去液 HE-1　　　　　　　　　　6分
    水洗　　　　　　　　　　　　　　　　10分
    自然乾燥

ディテクターと試験片を積み重ねる。基準試料としてはワットマンろ紙 No.1 を用いる。
70 ± 1℃，86 ± 2% RH，15日間強制劣化処理。
濃度計を用いて STATUS-A (B, DENSITY) を測定。

試験片と接した2枚の退行ディテクター片のそれぞれ4か所，計8か所の透過濃度から，平均退行濃度を求める。基準試料の退行濃度 ΔDf に対する試験試料の ΔDh より

    退行濃度差の百分率＝$[(\Delta Df - \Delta Dh)/\Delta Df] \times 100$
を求めて，この値が20%以上の試料は不適切と判定する。

試験片と接した2枚のステインディテクター片のそれぞれ4か所，計8か所の透過濃度から，ステイン濃度を求める。0.25未満が合格。

両試験の標準偏差が0.10と0.05を超えた場合には試験を繰り返す。

● **展示ケースに使用する材料の評価方法**[67]（Oddy Test：1973）
  銀，銅，鉛，(アルミニウム，マグネシウム，亜鉛)の金属薄片の変色の有無でこれらの材料を含む作品への影響を調べる。

試料の選定
  最近製造したものを使用する。なぜならば，一般に新しいものほど腐食性が高く，製造会社は組成を告示なしに変更することが多いからである。
  複合製品においては，試料が全ての成分を代表するようにすること。
  ペイント，ワニスおよび接着剤は新たにフィルムを作成して用いること。

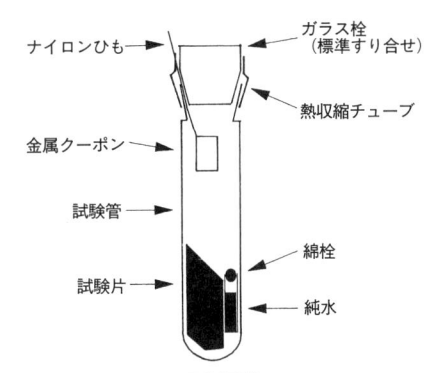

図21　Oddy test 用試験管　(Green[67] 1995)

試験方法
　約2gの試料を50mlの栓付きの大試験管に入れる。
　5mlの小試験管に水を満たし，綿栓をして，大試験管に入れる。
　10mm×15mm，厚さ0.1mmの純粋な金属クーポン（>99.5%）をナイロンひもで栓の下に吊す。栓は熱収縮チューブで密封する（図21）。
　60℃のオーブンに28日間入れる。（試験管は少し傾けて，栓に結露した水滴がクーポンにかからないようにする）
　対象試料と変色の程度を比較する。

P（長期使用可）
　コントロールと比べて変化なし。
　（コントロールの銅クーポンはまれに赤/オレンジの虹色を生じる。鉛クーポンは紫の色調を帯びることあり。鉛には水による錆が生じることあり。）
T（一時的展示に限る　6か月以内）
　わずかな変色。下部あるいは側面または小さな局所的な腐食。
U（使用不可）
　明らかに腐食が観察される。光沢が失われ，薄い腐食層の生成が示唆される。

問題点
　金属クーポン使用のため，紙資料の保存性への評価法として最適とはいえない。
　変色の判定には大きなばらつきがあり，人，機関により結果が一致しないことがままある。

10. 補遺　箱と調湿紙の効果

10.1　箱の利用

　多くの資料収蔵施設において，施設の管理に加え，保存容器を利用することにより，紙資料を種々の劣化要因から保護している。我が国では，伝統的に桐や杉が箱の材料として用いられてきた。これらの材で作成した木箱の効果については三浦定俊[68]や神庭伸幸[69]の研究などがある。

　しかし，コストの点から全ての資料を桐箱に収納することは難しい。紙の箱は手軽である上に類似の効果が期待される。酸性紙の劣化が問題となってから，保存容器の素材にも中性紙が用いられるようになった。

　筆者らのグループは紙箱の湿度緩和効果について実際の書庫で1年間測定を行った[64]。実験には文書保存用の中性紙段ボール箱(TS. スピロン　もんじょ箱)，同素材の中性紙ボード(厚紙)箱，他社製の段ボール箱の3種類を用意した。密閉度を高めたものとして，中性紙段ボール箱を脱酸素剤の使用のために開発されたフィルム（三菱ガス化学　PTS袋）で密封したものを用意した（表7）。

表7　実験サンプル

	保存容器	収納物	その他の条件	全体の重さ
a	保存容器外			
b	中性紙段ボール箱	なし		1.19kg
c	中性紙ボード箱	楮・木材パルプ混合紙		4.39kg
d	中性紙段ボール箱	コピー用紙		24.40kg
e	中性紙段ボール箱	楮・木材パルプ混合紙	フィルムで密閉	4.40kg
f	中性紙段ボール箱	楮・木材パルプ混合紙少量		1.72kg
g	中性紙段ボール箱	楮・木材パルプ混合紙		4.40kg
h	段ボール箱	楮・木材パルプ混合紙		4.39kg
i	中性紙段ボール箱	楮・木材パルプ混合紙少量	調湿紙入	1.72kg

その結果,神庭の研究[69]と同様,外気の14日周期の温度変動は,時間差があるものの,箱内部でも同様な変化を示した。

短い周期の変動をみるため,6月中の湿度変動の激しかった2日間の測定値を微分し,湿度変化を比較した(図22)。微分値は10分前の測定値に比べた変化を表し,短い周期の変動の速さをみることができる。保存箱外の変化の幅＋2〜－4％RH/分に対し,保存箱内(空箱)ではその変動は±1％RH/分に抑えられており,短時間に起きた急激な湿度変動が保存箱によって半分以下の値に緩和されていることが示された。

多量の楮・木材パルプ混合紙を入れた異なる箱を比較する。中性紙段ボール箱と同じ大きさに作成した中性紙ボード箱では,微分値において変化の大きさは同じであったが,ピークの本数は顕著に減少していた。さらに,市販の段ボール箱では,ピークの本数は中性紙段ボール箱とあまり違わないが,ピークの高さは0.3％程度と約1/3になっていた。フィルムで密封した場合には一点原因不明のピークがあるが,他のピークはほとんど抑えられていた。ここで用いたフィルムも全く水蒸気や酸素を透過させないわけではないが,その量を極めて小さくする効果があるので,14日周期のような比較的短い周期の湿度変動はほぼ完全に抑えられる。よって,密封した箱で現れた湿度変動は水分の容器内外での移動ではなく,温度変動により容器内の紙(資料,箱)から放出あるいは吸収された水分に起因する。一方,密封した箱の変動よりも大きな他の箱の湿度変化は,外界からの水分の出入りに依存していることを示す。逆に言えば,「市販の段ボール箱＜中性紙ボード箱＜中性紙段ボール箱」の順で水分が出入りしやすいことがわかった。中性紙ボードと中性紙段ボールそれ自体の水分透過率にはここでの変化に寄与するほどの大きな差異は考えにくいことから,この両者の違いは箱の構造,すなわち蓋と身との間隙の差に基づくと言えよう。

段ボールはボードを接着剤で貼り合わせたものであるため,使用されている接着剤がフィルムでコーティングした場合のような効果を持たせていることも考えられる。また,段ボールに塗装紙が貼ってある場合も同じ効果が考えられる。ここで用いた市販の段ボール箱では,後者と蓋の密閉度の両方の影響が考

56

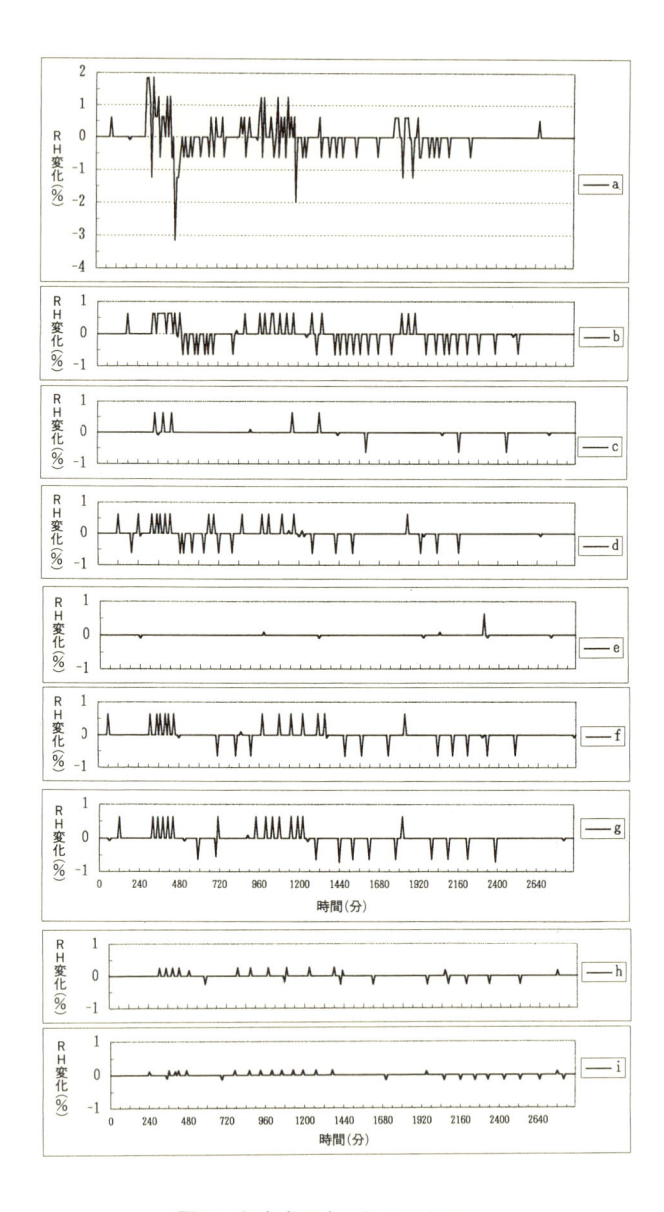

図22 保存容器内・外の湿度変動
6月の湿度変動が最大となった日を含む、3日間の湿度変化の、微分値。ここでは測定値から1時点前の測定値を引いた値。

えられる。

10.2 調湿紙の効果

箱の裏蓋に調湿紙を一枚セットしたところ,微分値ではピークの高さが調湿紙を入れない箱に比べ低くなっている。調湿紙を入れた試料に内容物として楮・木材パルプ混合紙を少量入れたので,同量の紙が入っている中性紙段ボール箱の試料と比較すると,微分値(図22)では箱の密封度は同じであるので,ピークの本数には違いがなかった。しかし,その湿度変化率は調湿紙の存在で大きく抑制されており,調湿紙は箱内の環境をすばやく安定化していることがわかる。その結果,1日の湿度変動の標準偏差(図23)でもフィルム密封した試料とほとんど変わらない大きさになっており,調湿紙を組み合わせれば,湿度に関しては短期的変動は十分抑えられることが明らかとなった。

10.3 箱の調湿効果

以上の結果は,湿度変動を抑えるには箱の透気度を低下させることが有効で

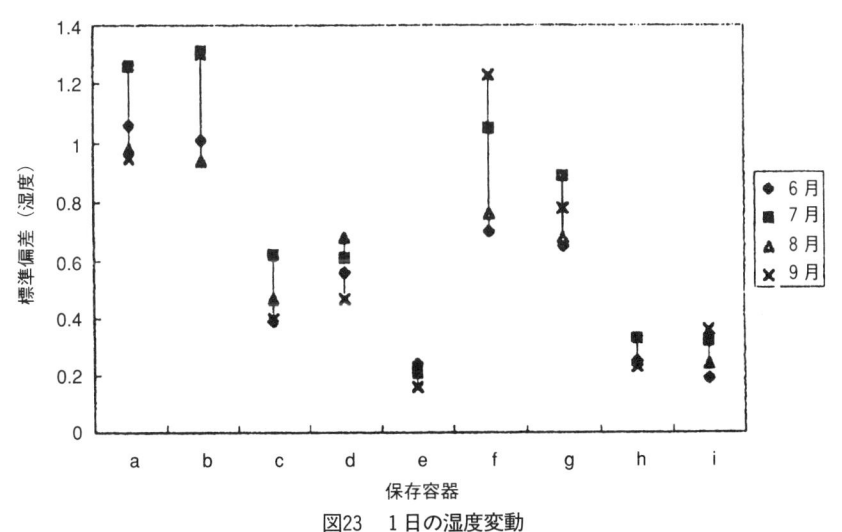

図23　1日の湿度変動
1日ごとの標準偏差の1カ月の平均値。0に近いほど変動が少ないことを表す。

あり，

　フィルムで密封する

　箱にコーティングなどを施す

　箱の隙間を小さくする

方法があるという常識的なものであった。空気の出入りが少なくなれば，外界からの汚染ガスや埃の影響も小さくできる。フィルム密封ではさらに脱酸素吸収剤との併用で，紙の酸化劣化や虫害の抑制が期待できる[25]。

　紙資料の促進劣化試験によれば，紙は1枚ずつ劣化処理するよりも，重ねた状態で同じ環境に置いて劣化させたときの方が劣化の進行が速いことが知られている[26]。密封処置のメリットとデメリットの分かれ目は，対象となる物質の種類と，劣化状況によって大きく変わるので，一概に評価するのは難しい。例えば，酢酸セルロース(TAC)ベースのマイクロフィルムについては，当初は密封保存し，外界の影響を遮断することに重点をおくが，劣化がある程度進んできた段階では密封を避け，通気性のある紙箱に保存する方がよいとされている。このことを考慮するならば，密封保存は紙自体あるいは密封された環境内に存在する他の物質から発生する有害ガスの影響をまともに受けることになり，必ずしも最良の保存環境とは限らないことになる。箱に用いたコーティング剤や接着剤からも有害ガスが発生するかもしれないし，外からの水分の流入を抑える代わりに，湿った資料を入れるとその状態を長く保ってしまうという問題もある。

　調湿紙を入れた箱では，箱自体の密閉度はあまりよくないのにもかかわらず，湿度変動が非常によく抑えられており，短期的な湿度変動の抑制に大きな効果を持ち，むりやり密閉度の高い環境を作らなくともよいことがわかった。実験では調湿紙を入れた箱に収納したのは少量の紙であったが，実際に使用する場合，保存箱内にできるだけ多くの資料を入れる場合がある。その時の調湿紙の効果は，今回の実験では，調湿紙と収納する資料の量との間の関係は明らかにできなかったが，ほぼ同様の効果が期待できよう。実際には資料の利用回数などを考慮して，どの保存・出納システムを選択するかということになろう。

11. 補遺　輸送時の温湿度環境

　小さな容器に入れて紙資料を輸送する場合には，通常の保存環境と異なり，温度が20℃近く動くときがある。このような場合に相対湿度を一定にしようとすると，紙資料中の水分量は一定とならず，問題が生じる場合がある。航空機で米国より作品を輸送した場合の外気と箱内の温度・湿度変化を測定した例を図24および25に示す。温度の上昇時に内部の湿度が上昇することが特徴的である。これは内部空間量に対して内容物量が大きいために，温度上昇による空気中の飽和水蒸気量の上昇に伴う相対湿度の低下よりも，温度上昇により，包材を含めた資料などからの水分の放出量が大きいことによる[70]。

　しかし，このような密閉空間では相対湿度を変化させるに必要な水分量は少ないし，実際に紙中の水分量を一定に保つには温度が上昇した場合には相対湿度も多少上げる必要があるので（通常の保存環境では温度がほとんど変動しな

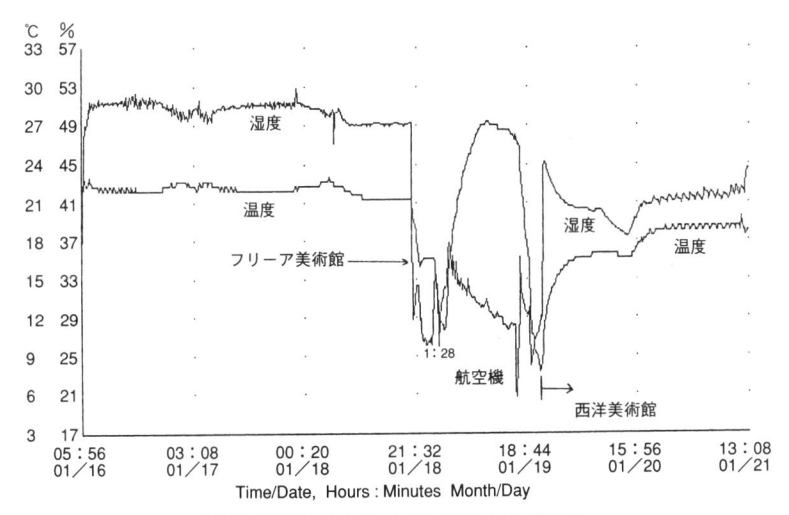

図24　輸送中の梱包の外気温度および湿度

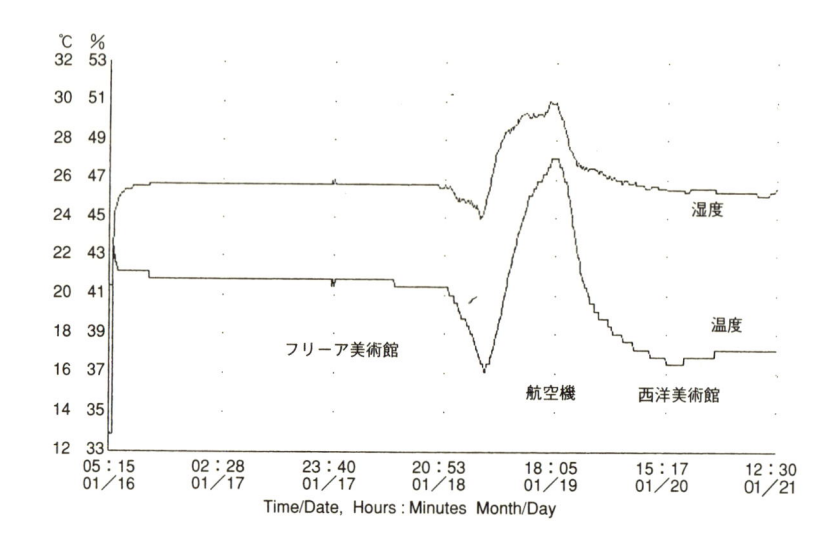

図25 輸送中の梱包内部の温度および湿度

いため無視できた)，実質上密封されていれば湿度コントロールは必要ない。逆に，調湿剤が共存すると，温度変動により調湿剤から水分が過剰に吸放湿されて問題を起こすことが多い。

　輸送中の温度変化は急激であるので，このような場合には，湿度調節ではなくその急激な温度変化を打ち消すような保存容器を利用することがよいとされている。

12. 情報源

12.1 環境管理に関する参考文献

Garry Thomson, *The Museum Environment*, 2nd ed. Butterworths 1986. (First published 1978)　東京芸術大学美術学部保存科学教室訳『博物館の環境管理』雄山閣　1988年

登石健三，見城敏子，山野勝次，新井英夫『文化財・保存科学の原理』丹青社　1990年

田辺三郎助，登石健三監修『美術工芸品の保存と保管』フジ・テクノシステム　1994年

日経アート編『美術品を10倍長持ちさせる本』　日経BP社　1996年

文化庁文化財保護部『文化財公開施設の計画に関する指針』文化庁　1995年

12.2 紙の劣化に関する参考文献

稲葉政満「素材としての紙の問題について－おもに化学的側面から－」『計測と制御』28巻8号　1989年8月　pp.656-661

鈴木英治『紙の劣化と資料保存』（シリーズ・本を残す④）日本図書館協会　1993年

木部徹，鈴木英治『本の紙の劣化と保存－歴史に沿って』CAP編集室　1989年

12.3 最新情報の入手先

図書館資料に関わる保存関係の最近の情報の入手先としては，日本図書館協会資料保存委員会の通信である『ネットワーク資料保存』，海外の情報では

"The Abbey Newsletter"(Ellen McCrady, 7105 Geneva Drive, Austin, TX 78723 USA：http：//palimpsest.stanford.edu/byorg/abbey/an/)がよい。

写真関係では，年に一度開催される日本写真学会の「画像保存セミナー」で最新情報が入手できる。

12.4　ホームページ

「修復家の集い掲示板」(http：//www.shufuku.gr.jp/)には催しのお知らせも載り，大変有用なサイトである(2002年より有料化を予定)。保存全般に関するデータベースとしては「保存修復データベース」(Conservation Information Network(http：//www.bcin.ca/))が便利である(AATA Online(www.getty.edu/conservation)が2002年7月にCINより独立しAATA(文化財関連の文献データベース)の最新データはこちらにのみ反映されることになった。ともに無料である)。Conservation On-Line(http：//palimpsest.stanford.edu)は無料であり，内容もよいが，リンク先のリストも大変有用である。東京文化財研究所の関連リンク集(http：//www.tobunken.go.jp/~kokusen/japanese/links.html)もよい。

引用文献

1) 日本図書館協会資料保存委員会編『災害と資料保存』日本図書館協会　1997年
2) 木部徹「利用のために保存する－公共図書館と資料保存－」安江明夫，木部徹，原田淳夫編著『図書館と資料保存－酸性紙問題からの10年の歩み－』雄松堂　1995年　pp.160-173
3) 日本図書館協会監修　ビデオ『利用のための資料保存　第1巻　概説編，第2巻　実践編』紀伊國屋書店　1996年
4) 金子豊「ここまで来た最近のカラー写真の堅牢性　シアン画像の堅牢性」『昭和63年度写真保存セミナー要旨集』日本写真学会　pp.23-29（1988, 東京）
5) Smith, R. D. *The Non-Aqueous Deacidification of Paper and Books*, Doctral Dissertation, The University of Chicago, 1970.
6) 吉田治典「文庫の保存環境・実測と予測」「記録史料の保存・修復に関する研究集会」実行委員会編『記録史料の保存と修復－文書・書籍を未来に遺す－』アグネ技術センター　1995年　pp.66-80
7) 伊沢敦「ビルにおける室内空気環境と換気」『空気調和と冷凍』1987年9月　pp.50-56
8) 廣瀬睦「被災史料の救助実践記－草加市の実例による－」『草加市史研究』8号　1993年　pp.143-158
9) 増田勝彦「火災文書の真空凍結乾燥による救済と災害対策」『草加市史研究』8号　1993年　pp.138-142
10) Thomson, G. *The Museum Environment*, 2nd ed. Butterworths, 1986. G．トムソン著，東京芸術大学美術学部保存科学教室訳『博物館の環境管理』雄山閣　1988年
11) 神庭信幸「輸送中に生じる梱包ケース内の温湿度変化」『古文化財の科学』34号　1989年　pp.31-37
12) 米田雄介「正倉院の辛櫃と古裂」米田雄介『正倉院宝物の歴史と保存』吉川弘文館　1998年　pp.194-200
成瀬正和「正倉院の保存学」京都造形芸術大学編『保存科学入門』角川書店　2002年　pp.350-361
13) 齋藤平蔵「建物と湿気・特に宝物庫の湿気に就いて」『古文化財の科学』1号　1951年　pp.49-54

14) 久米康生「造紙の起源は西漢時代」久米康生『和紙文化誌』毎日コミュニケーションズ 1990年 pp.3-6
15) 知野悌二「紙と温湿度との関係」紙パルプ技術協会編『紙パルプの種類とその試験法』紙パルプ技術協会 1966年 pp.146-153
16) Koura, A. and Krause, T. "Increase of Paper Permanence by Treatment with Liquid Ammonia or Ammonia Solutions : Part 1, Fundamental Basis and Influence on Fiber and Paper Structure and Properties." Petherbridge G. ed. *Conservation of Library and Archive Materials and the Graphic Arts*, Butterworths, 1980, pp.20-24
17) Scallan, A. M. *Wood Science*, 6(3) (1974), pp.266-271
18) Erhardt, D., Tumosa, C. S. and Mecklenburg, F. "Materials Consequences of the Aging of Paper," ICOM CC Triennial Meeting, II, pp.501-506, (1999 Lyon), James & James Ltd.
19) Michalski, Stefan "Relative Humidity and Temperature Guidelines : What's Happening?" *CCI Newletter*, 14(1994), pp.6-8 [Ashley-Smith, Jonathan, *Risk Assessment for Object Conservation*. Butterworth-Heineman, 1999, pp. 214-215 より引用]
20) 瀬岡良雄「写真保存の対策と実際」日本写真学会画像保存研究会編『写真の保存・展示・修復』武蔵野クリエイト 1996年 pp.124-128
21) Nathan Stolow. *Conservation and Exhibitions*, Butterworth, 1987, p.16. 稲葉政満「Q 7 記録史料とその他の史料での保存環境は？」「記録史料の保存・修復に関する研究集会」実行委員会編『記録史料の保存と修復－文書・書籍を未来に遺す－』アグネ技術センター 1995年 pp.197-201
22) 相沢元子, 木部徹, 佐藤祐一『容器に入れる－紙資料のための保存技術』(シリーズ・本を残す③) 日本図書館協会 1991年
23) 山田哲好, 廣瀬睦「史料館における史料保存活動」『史料館研究紀要』22号 1991年3月 pp.59-152
24) 青木睦, 高瀬亜津子, 稲葉政満, 齋藤京子「史料収蔵環境に対する保存箱の効果」『史料館研究紀要』30号 1999年3月 pp.416-450
25) 木川りか, 山野勝次「文化財の新たな害虫駆除法に関する研究(1)－パラジクロロベンゼン併用による低酸素濃度殺虫法の処理時間短縮－」『文化財保存修復学会誌』40号 1996年 pp.24-34
26) Slavin, J. & Hanlan, J. "An Investigation of Some Environmental Factors Affecting Migration-induced Degradation in Paper." *Restaurator*, 13(1992),

pp.78-94
27) 臼田誠人「紙の劣化問題の現状と劣化機構」『紙パルプ技術協会誌』38巻1号　1984年　pp.48-57
28) Harrison, L. "An Investigation of the Damage Hazard in Specral Energy." *Illuminating Engineering*, 49(5) (May 1954), pp.253-257
29) 江本幸次「美術館・博物館用光源の種類と特性」『照明学会誌』74巻4号　1990年4月　pp.203-205
30) 森田恒之「博物館の展示照明と微気象変化」『照明学会誌』74巻4号　1990年4月　pp.200-202
31) Saunders, D. "Photographic Flash : Threat or Nuisance?" *National Gallery Technical Bulletin*, 16(1995), pp.66-72
32) Kruithof, A. *Philips Technical Review*, 6(1941), p.65 ［登石健三「物理化学（空気，温度，湿度，力，光）」田邊三郎助，登石健三監修『美術工芸品の保存と保管』フジテクノシステム　1994年　pp.329-342　より引用］
33) 日本図書館協会資料保存研究会訳・編『IFLA 資料保存の原則』（シリーズ・本を残す①）日本図書館協会　1987年
34) 半澤重信『博物館建築　博物館・美術館・資料館の空間計画』鹿島出版会　1991年
35) 毛利正夫「これからの美術館・博物館と照明の重要性」『照明学会誌』74巻4号　1990年4月　pp.186-190
36) Crawford, B. H. "Just Perceptible Colour Differences in Relation to Level of Illumination." *Studies in Conservation*, 18(1973), pp.159-166
37) Loe, D. L., Rowlands, E. and Watoson, N. F. "Preferred Lighting Conditions for the Display of Oil and Watercolour Paintings." *Lighting Research & Technology*, 14(4)(1982), pp.173-191
38) Neevel, J. G. and Reßland, B. "The Ink Corrosion Project at the Netherlands Institute for Cultural Heritage." *Paper Conservation News*, 85(1998), pp.10-13
39) G．トムソン著　東京芸術大学美術学部保存科学教室訳『博物館の環境管理』雄山閣　1988年　pp.194-197
40) National Bureau of Standards "Air quality criteria for storage of paper-based archival material." NBSIR 83-2795(1983) ［文献39より引用］
41) 登石健三，見城敏子「うちたてコンクリート箱内に於いて美術品の材料がうける影響」『保存科学』3号　1967年3月　pp.30-39
42) 黒坂五馬「コンクリートから発生するアンモニアの発生機構の研究」『古文化財

の科学』37号　1992年12月　pp.46-53

43) 小塩良次「新築美術館でのアルカリ汚染対策」『古文化財の科学』37号　1992年12月　pp.54-59

44) 新井英夫，宮地宏幸，飯泉覚二，石井溥「燻蒸処理後の臭気成分について（第1報）：文書館等に於けるジアゾ感光紙の臭気発生要因」『第10回古文化財科学研究大会』p.13（1988，東京）

45) 龍野直樹「文書館におけるくん蒸の問題点とその対策－和歌山県立文書館を例として－」『第4回記録史料の保存・修復に関する研究集会資料集』pp.22-32（1999，東京）

46) Daniel F., Demarque A. and Flieder F. "Effet de l'Encapsulation sous vide du Pappier par la Méthode ＜Archipress＞." ICOM Committee for Conservation 12th Triennial Meeting, pp.495-500 (1999, Lyon)

47) 稲葉政満「保存包材の開発と適正材料の検査について」『記録史料の情報資源化と史料管理学の体系化に関する研究　研究レポート(3)』国文学研究資料館史料館　2000年　pp.43-49

48) アグネ技術センター編『空気の汚れをはかる－二酸化窒素簡易測定の手引き－』アグネ技術センター　1997年

49) 西山要一「文化財周辺地域の大気汚染測定とその影響」「記録史料の保存・修復に関する研究集会」実行委員会編『記録史料の保存と修復－文書・書籍を未来に遺す－』アグネ技術センター　1995年　pp.46-65

50) 早川俊章「報告　モントリオール議定書締約国会議－臭化メチルの規制をめぐって－」『月刊文化財』410号　1997年11月　pp.33-37

51) 松田隆嗣「燻蒸終了後の収蔵庫における燻蒸ガスの濃度変化について」『文化財保存修復学会誌』42号　1998年　pp.47-54

52) Pinniger, D. and Winsor, P. *Integrated Pest Management*, London：Museum & Galleries Commission, 1998

53) 岡部央「博物館における害虫予防の取り組みの実際」『第4回記録史料の保存・修復に関する研究集会資料集』pp.4-10（1999，東京）

54) 田中千秋，川越和四「美術館における生物被害モニタリングの一例」『第4回記録史料の保存・修復に関する研究集会資料集』pp.11-21（1999，東京）

55) 長屋奈津子「愛知県美術館の虫菌害対策（愛知県美術館の保存対策　その1　部分改訂）」『愛知県美術館研究紀要』6号　2000年　pp.5-29

56) 東京文化財研究所編『文化財害虫事典』クバプロ　2001年
　　杉山真紀子『博物館の害虫防除ハンドブック』雄山閣出版　2001年

57) 文化財虫害研究所『文化財の虫菌害と保存対策』文化財虫害研究所　1987年
58) L. A. ザイコルマン，J. R. シュロック編　杉山真紀子，佐藤仁彦訳『博物館の防虫対策手引き』淡交社　1991年
59) 岩野治彦「フィルム支持体に起因する写真画像の劣化とその対策」日本写真学会『平成8年度画像保存セミナー予稿集』pp.1-20（1996，東京）
60) 岩野治彦「情報記録の長期保存の課題－機械読み取りシステムのライフ管理は可能か－」『マテリアルライフ』11巻1号　1999年1月　pp.13-16
61) 武田秀樹「温湿度機器の実際と機器」『空気調和と冷凍』1988年12月　pp.59-68
62) 箕輪善蔵『最新の湿度計と水分計－その原理と構造・使用法－』日本計量新報社　1991年
63) 三浦定俊，佐野千絵，石川陸郎「新設博物館・美術館等に於ける保存環境調査の実際」『保存科学』32号　1993年　pp.9-18［『月刊文化財』355号　1993年4月にも収録］
64) 環境測定分析法編集委員会編「硫黄化合物」　環境測定分析法編集委員会編『環境測定分析法注解　第2巻　大気汚染物質の測定分析方法』丸善　1984年　pp.1-57
65) 荒井宏子「写真印画の長期保存に対する現用包装材料の適否に関する試験報告」『東京都写真美術館紀要』1号　1998年　pp.63-72，「写真保存用包装材料としての和紙の適性について」同上　pp.69-72，「修復・装幀用糊剤の写真適性」同上　pp.73-75
66) Martin, G. "Preventive Conservation Guidelines for Developments." *Victoria & Albert Museum Science Section Report*, No.56/93/glm(1993)
67) Green, L. R. and Thickett D. "Testing Materials for Use in the Storage and Display of Antiquities-A Revised Methodology." *Studies in Conservation*, 40(1995), pp.145-152
68) 三浦定俊「保存箱内の温湿度変化」『表具の科学－特別研究「軸装等の保存及び修復技術に関する科学的研究」報告書』東京国立文化財研究所　1977年　pp.125-136
69) 神庭伸幸「相対湿度変化に対する収納箱の緩和効果」『古文化財の科学』37号　1992年　pp.46-53
70) 稲葉政満「フリーア美術館所蔵作品の日本への輸送時における温度及び湿度変化の測定」『フリーア美術館所有の日本・東洋美術品の保存状況と修復方法の共同研究　平成3～5年度科学研究補助金(国際学術研究)研究成果報告書』1994年　pp.58-68

あとがき

　G. Thomson の名著 "The Museum Environment" を，所属する東京芸術大学の保存科学教室で，1988年に『博物館の環境管理』として翻訳出版した。その年に日本図書館協会の資料保存研究会（現・資料保存委員会）でその内容について話をする機会が与えられた。その後，資料保存委員会において多くのことを学ぶことができた。特に木部徹氏が主催した「資料保存の基礎技術ワーキンググループ」で「資料保存のためのやさしい科学」を鈴木英治氏とともに各5回お話しさせていただいたのが，本書の基となっている。また，国文学研究資料館史料館での「保存科学」の増田勝彦氏との講義，記録史料関連の研究会で得たものも多い。

　本書をまとめるにあたり，吉岡栄美子氏，多田一男氏，竹内秀樹氏，長田薫氏には特にお世話になった。この場を借りて感謝いたします。また，図表を使用させていただいた皆様にも感謝いたします。

索　引

[あ行]

IR　29
IPM　42
アースマン通風乾湿計　47
RH　18
アルカリ性のガス　38
アルカリ性物質の測定　49
アレニウスプロット　12
アンモニア　38
アンモニアガス　47, 49
色変化型湿度測定シート　49
インク焼け　36
永久保存図書　10
エキボン　39, 42
エチレンオキシド　→酸化エチレンを見よ
閲覧室の温度・湿度　15
塩化ビニール　39
オゾン　37
Oddyテスト　51
温湿度環境（輸送時の）　59
温度（閲覧室の）　15
温度（収蔵庫の）　15
温度の測定　46
温度変動　55

[か行]

角質化　23

過乾燥　21
可視光線　29
カビ　19, 20, 25
紙の強度　22
紙の寿命　13
ガラス転移点　16
環境管理　9
環境の測定　46
含水率　28
乾燥（過）　21
機械可読システム　44
機械可読情報　44
キセノンランプ　31
期待値　10
桐箱　27
金属箔モニター　50
燻蒸　39, 42
蛍光灯　30
結晶部　22
結露　19
恒温恒湿　16
コピー機　37
コンクリート　38, 49

[さ行]

災害　10
災害対策　9
酸　41
酸化　41

酸化エチレン　39, 42
酸化劣化　36
酸素　36
紫外線　29
　　－吸収用フィルム　32
　　－量　30
湿度（閲覧室の）　15
湿度（収蔵庫の）　15
湿度環境（望ましい）　25
湿度計（毛髪）　39
湿度の測定　46
湿度変動　55
湿り空気線図　18
写真　21
写真活性度試験　51
臭化メチル　39, 42
収縮　20, 24
収蔵庫の温度・湿度　15
寿命　44
　　規格の－　44
寿命予測　12, 43
省エネルギー　16
照度（積算）　32
照度基準　31
照度制限値　33
照度の測定　46
除湿　19
除塵機　37
水彩画　33
水分　20
ストロボ　31
スペクトル　30
赤外線　29
積算照度　32, 34

絶対湿度　18
染織　33
総合的生物防除管理　42
相対湿度　18
　　－校正用溶液　50

[た行]

大気汚染　40
大気汚染ガス　36
耐折強さ　22
脱酸素剤　36
脱酸素法　42
単位（湿度の）　18
単位（大気汚染の）　41
単位（光の）　34
タングステン電球　30
断熱性　19
暖房　15
窒素酸化物　37
虫菌害　15
中性紙　54
調湿剤　60
調湿紙　28, 57
直射日光　32
塵　35
低温　16
データロガー　47
電球　30
展示　45
電子式デジタル湿度計　47
展示照明　33
電子媒体　44
凍結　16
トリエタノールアミン円筒ろ紙法　49

[な行]

内装材　38
二酸化硫黄の測定　49
二酸化窒素　37
　　－汚染マップ　40
　　－の測定　50
二酸化鉛法　49
日本画　33
人間の目　33
熱処理　42

[は行]

バイメタル式温湿度計　49
白熱電灯　30
版画　31, 33
光磁気ディスク　45
非（結）晶部　22
ビデオテープ　44
ビネガーシンドローム　43
ヒノキ　38
漂白剤　37
疲労　22, 24
フィブリル　22
複合材料　43
foot candle　34
フロッピーディスク　21, 25
平衡水分　20

変色試験紙法　49
包材　39, 51
膨潤　20, 24
保存期間　10
保存担当者　11
保存ニーズ　11
保存容器　54
ホルムアルデヒド　38

[ま行]

マイクロフィルム　25, 43
密封処理のメリット・デメリット　58
密閉　39
虫　15
メチルブロマイド　→臭化メチルを見よ
毛髪式温湿度計　47
毛髪湿度計　39
木材　37, 49

[や・ら行]

有機酸　49
輸送時の温湿度環境　59
UV　29
容器入れ　25
冷泉家文庫　15
冷房　15
露点　19

●著者紹介●

稲葉政満（いなば　まさみつ）

東京芸術大学大学院文化財保存学専攻助教授
1980年，東京大学大学院農学系博士課程修了（農学博士）。岐阜大学農学部助手，東京芸術大学助手，同講師を経て，1995年4月より現職。専門は，保存科学，製紙科学。

視覚障害その他の理由で活字のままでこの本を利用できない人のために，営利を目的とする場合を除き「録音図書」「点字図書」「拡大写本」等の製作をすることを1部に限り認めます。その際は著作権者，または，日本図書館協会までご連絡ください。

EYE LOVE EYE

●シリーズ　本を残す　⑧

図書館・文書館における環境管理

2001年5月30日　初版第1刷発行Ⓒ
2002年8月30日　初版第2刷発行

定　価■本体1,100円（税別）

著　者■稲葉政満
編集企画■日本図書館協会資料保存委員会
発行者■社団法人　日本図書館協会
〒104-0033　東京都中央区新川1-11-14
☎03-3523-0811　Fax 03-3523-0841

JLA200220　Printed in Japan　　　印刷所：研友社印刷㈱
本文の用紙は中性紙を使用しています。
ISBN4-8204-0102-5 C3300 Y1100E